Las conversaciones de trabajo

SANTIAGO LAZZATI

Las conversaciones de trabajo

GRANICA

ARGENTINA - ESPAÑA - MÉXICO - CHILE - URUGUAY

© 2014 *by* Ediciones Granica S.A.

ARGENTINA
Ediciones Granica S.A.
Lavalle 1634 3° G
C1048AAN Buenos Aires, Argentina
Tel.: +5411-4374-1456
Fax: +5411-4373-0669
granica.ar@granicaeditor.com
atencionaempresas@granicaeditor.com

MÉXICO
Ediciones Granica México S.A. de C.V.
Valle de Bravo N° 21
Col. El Mirador
53050 Naucalpan de Juárez, Estado de México,México
Tel.: +5255-5360-1010
Fax: +5255-5360-1100
granica.mx@granicaeditor.com

URUGUAY
Ediciones Granica S.A.
Scoseria 2639 Bis
11300 Montevideo, Uruguay
Tel.: +5982-712-4857 / +5982-712-4858
granica.uy@granicaeditor.com

CHILE
Tel.: +562-810-7455
granica.cl@granicaeditor.com

ESPAÑA
Tel.: +3493-635-4120
granica.es@granicaeditor.com

Diseño de tapa: GUSTAVO WALD

www.granicaeditor.com

GRANICA es una marca registrada
ISBN 978-950-641-804-5
Hecho el depósito que marca la ley 11.723
Impreso en Argentina. *Printed in Argentina*

Lazzati, Santiago C.
    Las conversaciones de trabajo. - 1a ed. - Ciudad
Autónoma de Buenos Aires : Granica, 2014.
    212 p. ; 17x23 cm.

    ISBN 978-950-641-804-5

    1. Management. I. Título.
    CDD 658

Índice general

Agradecimientos

A las personas que me ayudaron concretamente en la elaboración de este libro:

Mercedes Castronovo, mi "mano derecha" a lo largo de todo el proceso.

La gente de Deloitte, que me ha brindado el apoyo necesario para que pueda dedicarme a la obra.

Ariel Granica, dueño y director de Ediciones Granica, quien ha confiado en el proyecto de esta colección, y ha soportado cariñosamente mis altibajos en la consagración a esta tarea.

A los que siempre me respaldan, cuyo apoyo permitió mi dedicación positiva al proyecto. Hablo de mi familia y de mis amigos.

Prólogo

Conozco a Santiago Lazzati desde hace ya un tiempo, y puedo afirmar que siempre tuvo la idea de escribir algún libro estructurado en módulos. Su manera de percibir la realidad, de pensar acerca de ella y de exponer el producto de sus procesos mentales se presta para tal obra. Se requiere, para esto, claridad en los pensamientos, rigurosidad en los análisis y facilidad para sintetizar los contenidos y conclusiones; y estas condiciones le sobran al autor.

Santiago se caracteriza por su rigor para integrar la teoría con la práctica, y por su capacidad consecuente para clarificar y sistematizar el conocimiento fundamentado y útil. En esto juega un rol importantísimo su larga experiencia como directivo, consultor y docente, así como su intensa y dedicada profundización en el estudio de los temas de su especialidad.

En este libro Santiago aborda cuatro campos temáticos, muy relacionados entre sí: la comunicación, la participación, las reuniones y el trabajo en equipo. Además de sus antecedentes profesionales y académicos, es necesario destacar, en cuanto a estos campos temáticos, su larga y prolífera actuación como consultor de procesos, facilitador de reuniones y coach de equipos. Esta experiencia ha sido determinante para convertir esta obra en un documento de altísima utilidad práctica.

La obra se destaca al mismo tiempo por su sentido de la realidad y por la solidez de sus propuestas conceptuales. Está en las antípodas de las recetas fáciles, las generalizaciones exageradas y otros hábitos que suelen observarse en el tratamiento de los temas de management. Su enfoque es situacional; o sea que analiza los factores que pueden intervenir en la situación y que condicionan las estrategias correspondientes. Por ejemplo, en el caso de la participación en el proceso de toma de decisiones, enfatiza sus ventajas pero reconoce cuándo es preferible adoptar otros comportamientos, dependiendo de las circunstancias.

El lector puede abordar el libro de distintas maneras. Una es incursionando en conceptos específicos como si fuese un diccionario enciclopédico. Otra es navegando en la temática de su interés, para lo cual dispone de ciertos mapas que lo orientarán. En cualquier caso, puede enlazar con otros contenidos, con la ayuda de las referencias señaladas a lo largo del texto.

En mi opinión, el libro habrá de ser sumamente útil tanto en el ambiente empresario como en el académico. Estoy convencido de que su estructura es propicia para adquirir, reforzar, confirmar y ordenar conocimientos de manera eficaz, pero sobre todo para tenerlos disponibles en el momento de la acción.

Alberto Allemand
Consulting & ERS Managing Partner
Deloitte Argentina y LATCO

Introducción a la colección "Management en módulos"

Esta obra es la segunda de una colección de libros sobre management que se caracteriza por una estructura común que organiza los contenidos temáticos en módulos. El primer libro ha sido *La toma de decisiones – Principios, procesos y aplicaciones*.

Un módulo es una unidad más bien pequeña, en general de entre una y tres páginas, correspondiente a un aporte valioso que puede ser un concepto fundamental, un modelo, una metodología, una herramienta de análisis, una guía de acción, etcétera; o bien una combinación de estos elementos. Cada uno de los módulos contiene un gráfico representativo del tema al que se refiere.

Obviamente, el tratamiento adecuado de ciertos temas requiere una extensión superior al alcance que le damos a un módulo. Sin embargo, esto no es un impedimento porque, con un enfoque que va de lo general a lo particular, se arma un primer módulo de carácter abarcativo, y en módulos subalternos se avanza sobre los demás contenidos pertinentes. Por ejemplo, la metodología de resolución de problemas y toma de decisiones comprende tres etapas básicas: formulación del problema, desarrollo de cursos de acción e implementación. Entonces, en un módulo englobador se enuncian dichas etapas sin entrar en mayor detalle; en otros módulos se tratan respectivamente cada una de las etapas; y como éstas a su vez se dividen en pasos, en módulos adicionales aún más específicos se los analiza.

Además de las relaciones que van de lo general a lo particular, y viceversa, como las ejemplificadas en el párrafo precedente, existen muchas otras relaciones de distinto tipo. Por ejemplo, entre la implementación de la estrategia y la gestión del cambio, entre la gerencia y el liderazgo, etcétera.

La estructura en módulos, junto con las múltiples conexiones establecidas entre ellos, permite navegar en los contenidos conforme a la preferencia del lector. Por ejemplo, donde existe un esquema subyacente de género a especie, uno puede entrar por lo más general para ir profundizando a medida que lo necesita, o dirigirse directamente al aspecto específico que le interese en el momento; por otra parte, pueden recorrerse las páginas echando una ojeada, para concentrarse en aquellos módulos que disparan la atención; o bien puede usarse el texto como si fuese un diccionario, buscando directamente un concepto, entre otras variantes de lectura.

Dadas las múltiples alternativas de acceso o navegación, hemos preferido ordenar los módulos por orden alfabético, con la intención de facilitar su ubicación. Además, en cada módulo se hace referencia a los otros módulos con los que existen conexiones significativas.

Hemos optado por no indicar la bibliografía correspondiente a cada módulo, porque esto hubiese sido una labor excesiva y de dudoso valor agregado, por la tremenda dispersión de referencias. Sin embargo, en ciertos módulos nos ha parecido oportuno citar aquella obra que constituye la fuente fundamental. Por otro lado, incluimos una bibliografía general que indica los principales libros tomados en cuenta para desarrollar los módulos.

Pensamos que esta colección habrá de ser útil tanto en el ambiente académico (docentes, investigadores y alumnos) como en el empresario. Estamos convencidos de que su estructura es propicia para adquirir, reforzar, confirmar u ordenar conocimientos, de manera eficaz y eficiente.

Además, puede servir de base para que cualquier empresa encare un proyecto que creemos que ofrece grandes beneficios: desarrollar un conjunto de módulos propios adecuados a los objetivos estratégicos, políticas y procedimientos de la empresa que guíe sus actividades en materia de management y comportamiento humano. En este orden, incluimos un apéndice titulado "Sistema de módulos del conocimiento".

Las conversaciones de trabajo

Introducción

En esta obra tratamos los principales temas generales acerca de las conversaciones de trabajo:

- La comunicación.

- La participación en los procesos de toma de decisiones.

- Las reuniones.

- El trabajo en equipo.

Nos limitamos a las conversaciones "cara a cara". Dejamos para otros libros de la colección lo relacionado con la comunicación escrita o digital. Asimismo, en esta obra básica no incursionamos en contenidos cuyo análisis requiere una profundización específica, como los relativos a poder e influencia, manejo del conflicto, negociación, etcétera.

Los módulos están ordenados alfabéticamente. Sin embargo, el título de cada módulo comienza con uno de estos términos: COMUNICACIÓN, PARTICIPACIÓN, REUNIONES o TRABAJO EN EQUIPO, según corresponda. La estructura básica del libro responde a estas cuatro categorías.

En la obra precedente, *La toma de decisiones – Principios, procesos y aplicaciones*, desarrollamos los temas apuntando a la problemática básica que podemos denominar "mental", sin considerar en principio si es encarada por un individuo o por un grupo de personas. En este trabajo, en cambio, enfocamos las interacciones personales que se producen para manejar dicha problemática mental. Vale decir que gran parte del primer libro constituye un conocimiento subyacente al de esta segunda obra. En este orden, cabe destacar las relaciones siguientes:

- La comunicación con la información.

- La participación y las reuniones con la resolución de problemas y toma de decisiones.

- El trabajo en equipo con el resto de los temas, con miras al logro de los objetivos del grupo.

Índice de módulos

18

Relación entre los módulos

Ordenamiento de los módulos

Los módulos están ordenados alfabéticamente y numerados siguiendo este orden (Ref. Índice de módulos). Para navegar en los módulos, el lector tiene dos caminos principales:

- Ubicar en el índice el o los módulos que le interesan, incursionar directamente en ellos, y luego dirigirse discrecionalmente a cualquier otro módulo, tomando en cuenta las referencias que se indican en el acápite siguiente.

- Elaborar un *plan de navegación* previo a incursionar en un módulo determinado. Para facilitar este plan, en el acápite subsiguiente se introduce un *mapa de navegación*.

Referencia de un módulo a otro

Entre ciertos módulos puede haber una relación de lo general a lo particular. Por ejemplo, en el módulo 13 COMUNICACIÓN – FEEDBACK – CONCEPTOS BÁSICOS se hace referencia a los módulos 11 COMUNICACIÓN – FEEDBACK – CÓMO DARLO y 12 COMUNICACIÓN – FEEDBACK – CÓMO RECIBIRLO, y en éstos se desarrollan ambos "cómo", respectivamente. En el módulo general, en el punto pertinente se hace referencia al módulo específico correspondiente, colocando entre paréntesis el número del módulo específico. A su vez, en éste, al inicio de su texto, se hace referencia al módulo general que lo antecede.

Además de las relaciones de lo general a lo particular, existen muchas otras conexiones. En estos casos, también en el punto pertinente de un módulo se hace referencia al otro módulo conectado.

Mapa de navegación

A continuación se incluye un mapa de navegación que comprende cuatro bloques:

     I. COMUNICACIÓN

     II. PARTICIPACIÓN

     III. REUNIONES

     IV. TRABAJO EN EQUIPO

Dentro de cada bloque, los módulos se agrupan en función de su temática.

En cada bloque la secuencia es:

➢ de arriba hacia abajo, y

➢ y de izquierda a derecha.

Mapa de navegación

I. COMUNICACIÓN

Modelo básico

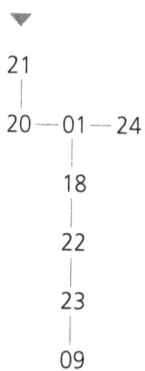

▼

```
21
 |
20 — 01 — 24
       |
      18
       |
      22
       |
      23
       |
      09
```

Tipos de comportamiento

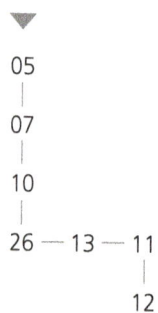

▼

```
05
 |
07
 |
10
 |
26 — 13 — 11
           |
          12
```

Pautas fundamentales

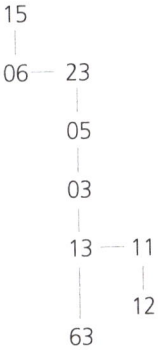

▼

```
15
 |
06 ─── 23
        |
       05
        |
       03
        |
       13 ─── 11
        |      |
        |      12
       63
```

Problemas

▼

```
03
 |
04
 |
08
 |
25
```

Psicología positiva

▼

```
19
 |
17
 |
16
```

Modelos complejos

▼

```
02
 |
14
```

II. PARTICIPACIÓN

Conceptos básicos

▼

27
|
34

Comportamientos y estilos

▼

28
|
35 — 37 — 36
|
38

Relación entre gerente y colaboradores

▼

33
|
29
|
30 — 41
| |
| 28
|
31
|
32

III. REUNIONES

Administración

▼

43
|
45 — 44
|
46
|
51

Tipos de reuniones

▼

40
|
56
|
58
|
57

Pautas fundamentales

▼

41
|
42 — 43
    |
    40
    |
    28
    |
    65

Roles

▼

50
|
49
|
47
|
48

Técnicas

▼

39
|
52 — 54
  | |
  | 53
  |
55

IV. TRABAJO EN EQUIPO

Conceptos fundamentales
▼

65
|
76 — 75
|
74

62

Desarrollo del trabajo en equipo
▼

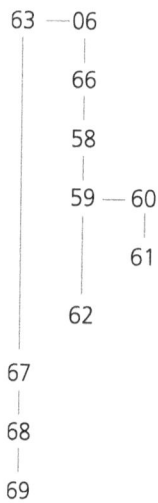

63 —06
|
66
|
58
|
59 — 60
|
61

62

67
|
68
|
69

Tipo de grupos
▼

71
|
72
|
70
|
73

Roles y comportamientos

▼

64
|
80

Modelos

▼

77
|
78
|
79

En cada bloque la secuencia es
- de izquierda a derecha, y
- de arriba hacia abajo.

La conexión se refleja gráficamente con rayas.

Las conversaciones de trabajo

MÓDULOS

Comunicación – Actos del habla

INFORMATIVOS
PROACTIVOS
NORMATIVOS

El lenguaje ofrece múltiples posibilidades de incomprensión o malentendidos, como cuando una de las partes no habla o no comprende debidamente el idioma utilizado, o cuando dentro de un mismo idioma personas de diversos países o regiones usan las mismas palabras con distintos sentidos, etcétera. Pero hay un aspecto adicional y muy importante del lenguaje, que trasciende el marco de los idiomas. Se trata del análisis de los "actos del habla" con independencia del idioma empleado, que abre posibilidades en cuanto a favorecer una comunicación efectiva.

Aclaramos que los llamados actos del habla abarcan en sentido amplio no sólo la comunicación verbal, sino también la escrita y cualquier otra forma de comunicación.

Los actos del habla comprenden: los informativos, los proactivos y los normativos. A continuación, haremos sendos comentarios acerca de cada uno de ellos.

Los informativos sólo pretenden brindar información; *per se* no proponen acción ni definen marcos para ella, al menos explícitamente. Dentro de estos actos, cabe distinguir:

- La proposición fáctica, susceptible de ser calificada como verdadera o falsa.

- El juicio de valor, referente a distintos tipos de valores: éticos, estéticos, intelectuales, afectivos, sociales, jurídicos, vitales, económicos o religiosos.

- La expresión de sentimientos o emociones del emisor.

A su vez, una proposición fáctica puede ser una "afirmación" de tipo más bien indudable, o en cambio una "opinión" acerca de hechos ocurridos de carácter dudoso o de sucesos por ocurrir. Esto plantea la siguiente reclasificación de los actos informativos:
- Afirmación (fáctica "indudable", al menos en principio).

- Opinión (fáctica dudosa o juicio de valor).

- Expresión de sentimientos.

Cabe señalar que una opinión puede ser tomada como una observación en el caso de que exista un acuerdo entre las partes que así lo justifique. Por ejemplo, señalar que "Juan mide 1,81 m" sería una observación, en tanto que decir "Juan es alto" sería una opinión; sin embargo, si se ha establecido el estándar de que una persona que mide más de 1,80 m se considera alta, entonces la afirmación "Juan es alto" se convierte en una observación.

Los actos del habla proactivos comprenden:

- La promesa (de acción propia). En principio, genera compromiso (de lo contrario, sería una oferta).

- La oferta (de acción propia o de ambos). Incluye el planteo de posibilidades o cuestiones para su consideración.

- El pedido o petición (de acción del otro). Comprende la pregunta, la orden, etcétera.

- La reacción frente a la oferta o pedido. Puede o no generar compromiso.

Dado un proceso de comunicación actual, es interesante distinguir si el acto proactivo se refiere:

- A una acción que habrá de ser parte del mismo proceso; por ejemplo, un pedido de información a ser respondido en el momento o una moción de orden.

- A una acción ulterior al proceso de comunicación actual; por ejemplo, la oferta o el pedido de realizar una tarea en un futuro próximo o la toma de una decisión que implica un compromiso de llevar a cabo oportunamente la decisión. Tal acción ulterior podría consistir en un acto comunicacional posterior a la comunicación actual. M 9 - pág. 48

Los actos normativos proponen o definen marcos para la acción: estados, funciones, facultades, derechos, obligaciones, reglas de acción, etcétera. Por ejemplo, el dictado de una ley, la sentencia de un juez, la asignación de una persona a un puesto dentro de la estructura organizativa de una empresa, etcétera. Fernando Flores, en su libro *Inventando la empresa del siglo XXI* (Granica, 1997) denomina "declarativos" a los actos de este tipo.

El análisis acerca de los actos del habla sirve de base para favorecer el acercamiento del significado entre emisor y receptor y también para orientar la conversación a una acción ulterior eficaz. No pretendemos profundizar aquí en el tema, sólo planteamos algunas situaciones que pueden ilustrar la aplicación indicada.

- Debería quedar bien claro si el emisor está haciendo una afirmación o si, en cambio, está emitiendo una opinión; y que, en función de esta distinción, recurrirá

M 01

a los respectivos fundamentos. Por ejemplo, no corresponde emitir un juicio de valor como si se tratase de algo verdadero o falso. Es bastante común que la gente mezcle o confunda ambos tipos de actos del habla, y que genere así conversaciones ineficientes, malentendidos, etcétera.

M 11 - pág. 52

- En determinadas circunstancias, es positivo que una persona exprese sus sentimientos. Pero ello es a título de brindar información al receptor, para que éste la tome en cuenta. *Per se*, no es para generar una discusión como si se tratase de una opinión.

- Si se hace un pedido, corresponde expresarlo concretamente como tal. Por ejemplo, decir "Por favor, ¿puede entregarme el informe X mañana a primera hora?", en lugar de "Me gustaría que tratemos de ser más rápidos en el suministro de los informes".

- Al asumir un compromiso, deben darse ciertas condiciones específicas (intención de cumplir y otras) y luego honrarse lo prometido, salvo casos de fuerza mayor. En las organizaciones es común que una persona dé a entender que asume un compromiso, pero desde el comienzo piensa que deberá cumplirlo o no, según su conveniencia, conforme se desenvuelvan los acontecimientos posteriores. Por ejemplo, prometer una tarea (compromiso explícito) siempre y cuando no aparezca algo más urgente o importante para él (condición no explícita), o bien acordar una cita para después cancelarla si surge algo más interesante.

M 18 - pág. 64
M 20 - pág. 68

En sustancia, el análisis de los actos del habla se preocupa por la coherencia entre el marco mental del emisor y su mensaje, para acercar los significados del emisor y del receptor, y así favorecer la acción positiva.

Para profundizar en el tema, recomendamos las siguientes lecturas:

- *Ontología del lenguaje*, de Rafael Echeverría (Granica, 1997).

- *Metamanagement*, de Fredy Kofman (Granica, 2001), Capítulo 10.

Comunicación – Análisis transaccional

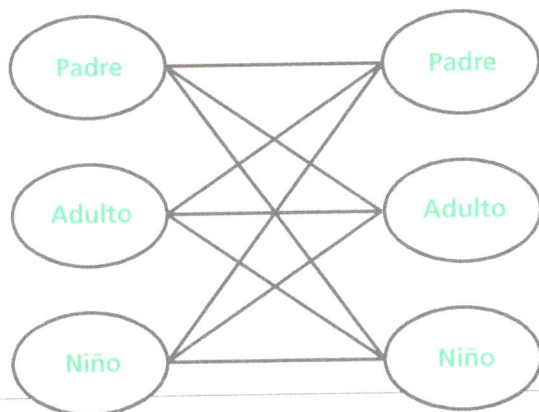

El análisis transaccional es un método de psicoterapia creado por Eric Berne y publicado en sus libros *Análisis transaccional en psicoterapia* (Psique, 1984) y *Juegos en que participamos* (Integral, 2006). Las primeras ediciones de estas obras en inglés son de 1961 y 1964, respectivamente.

El análisis transaccional parte de una estructura que distingue tres estados del yo: el padre, el adulto y el niño. Tiene múltiples aplicaciones, entre ellas el análisis de las transacciones comunicacionales. En este módulo nos limitaremos a una definición sintética de los estados del yo y a una breve reseña de las alternativas en materia de transacciones comunicacionales.

Los estados del yo comprenden:

- El del padre, resultante de lo que se ha grabado de las figuras parentales. Postula lo que se debe hacer. Incluye al padre crítico y al padre protector.

- El del adulto, basado en el aprendizaje proveniente de afrontar la realidad. Procesa información, razona y evalúa consecuencias. Se orienta principalmente a lo que conviene hacer.

- El del niño, representativo de los sentimientos y posturas infantiles. Parte de sus deseos, necesidades y temores. Abarca el niño libre, el niño sumiso y el niño rebelde.

Por lo tanto, hay seis estados del yo: dos del padre (crítico y protector), el del adulto, y tres del hijo (libre, sumiso y rebelde). La persona adopta distintos estados del yo según las circunstancias. Los estados adoptados pueden ser positivos o negativos, según la situación.

La idea es que cuando una persona se comunica con otra lo hace desde un estado del yo, y además se dirige a cualquiera de los estados del yo del interlocutor. A su vez, éste le contesta en términos similares. De tal modo, en el diálogo están en juego 12 estados del yo, lo cual da lugar a cuatro tipos de transacciones comunicacionales:

- Las "complementarias". La respuesta parte del mismo estado del yo al que se dirigió el mensaje del otro, y se destina al mismo estado del yo desde donde surgió el mensaje. Por ejemplo, el mensaje "haz tal cosa" y la respuesta "sí, jefe".

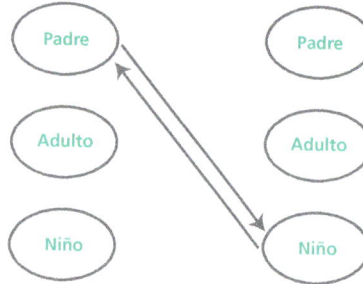

- Las "cruzadas". La respuesta parte de un estado del yo distinto de aquel al cual se dirigió el mensaje y va a parar a un estado del yo también diferente del cual surgió el mensaje. Por ejemplo, un pedido de información cuya contestación es "no me molestes".

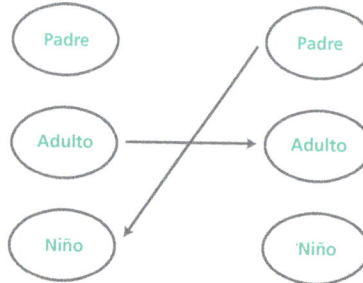

- Las "angulares". La respuesta parte de un estado del yo distinto de aquel al cual se dirigió el mensaje, pero remite al mismo estado del yo desde donde surgió el mensaje. Por ejemplo, el mensaje del jefe "ayuda a tu compañero" y la respuesta "yo también estoy desbordado, y necesito más ayuda que él".

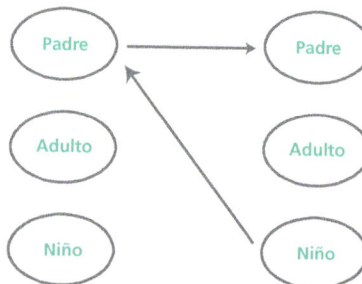

- Las "ulteriores". Comprenden una transacción aparente y otra real pero escondida. Habitualmente la escondida tiene cierta manifestación no verbal (el lenguaje del cuerpo, el tono de la voz, etcétera). Por ejemplo, transacción aparente: el mensaje "voy a hacer tal cosa" y la respuesta "de acuerdo"; transacción escondida: el mensaje "¿lo apruebas?" y la respuesta "no deberías hacerlo".

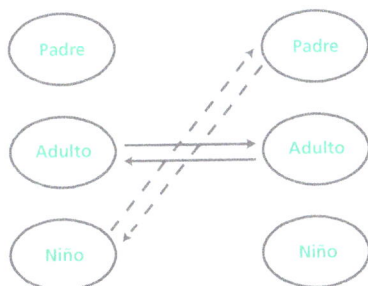

En las transacciones complementarias la comunicación puede seguir indefinidamente. En las cruzadas y las angulares, se interrumpe. En las ulteriores el comportamiento tiende a seguir el camino que marca el nivel oculto.

Las transacciones complementarias contribuyen a una buena relación, pero no siempre son agradables o saludables. Las cruzadas y las angulares no siempre son indeseables; por ejemplo, sirven para cambiar de tema. Las ulteriores suelen perturbar las relaciones; tienen que ver con las barreras defensivas o RICs .

••▶   M 03 - pág. 36

Sobre la base del análisis transaccional, Berne examinó distintos roles psicológicos que la gente adopta (víctima, salvador, perseguidor, etcétera). Su descripción trasciende el alcance propuesto para este módulo.

Para profundizar el análisis transaccional, además de los libros de Berne citados al principio, puede consultarse:

- *Yo estoy bien, tú estás bien*, de Thomas A. Harris (Grijalbo, 1973).

- *Nacidos para triunfar*, de Muriel James y Dorothy Jongeward (Fondo Educativo Interamericano, 1975).

Comunicación – Barreras defensivas o "RICs"

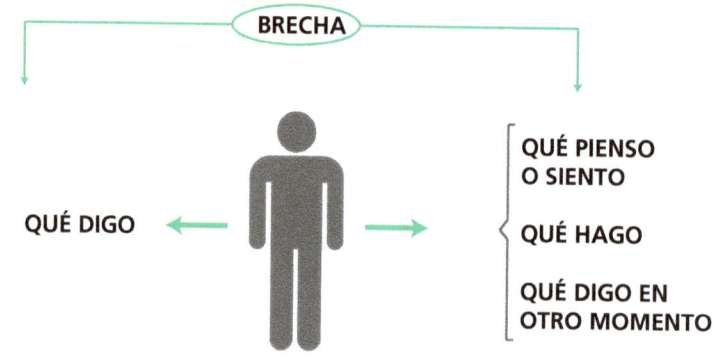

Se ha dado en llamar "barrera defensiva" a un ocultamiento deliberado de información o a cualquier otra manera intencional de limitar la comunicación. Esto también se designa como "rutina defensiva". Nosotros preferimos denominarlo "restricción intencional de la comunicación" (RIC). En general, una RIC consiste en una brecha entre:

- lo que se dice o no se dice, en un momento dado; y

- lo que se piensa o siente, se hace o se dice en otro momento.

Sin embargo, si dos expresiones distintas responden a un cambio genuino en el pensar o sentir, ello de por sí no configura una RIC.

Las RICs incluyen ciertos comportamientos típicos:

- Ocultar sentimientos, errores, pensamientos críticos u otra información.

- Generar ambigüedad: no ser específico cuando corresponde hacerlo, eludir una cuestión que debería encararse, entorpecer el proceso de comunicación (por ejemplo, con un chiste que desvía indebidamente la atención), etcétera.

- Hablar "en otra parte". Por ejemplo, en una reunión no plantear un desacuerdo, pero hacerlo más tarde "en el pasillo" o en otro lugar inadecuado.

Un sujeto puede tener motivos muy diversos para realizar una RIC. Ciertos motivos toman en cuenta el efecto de la comunicación sobre otras personas: proteger la imagen ajena, respetar la confidencialidad, mantener la discreción, no causar malestar, evitar conflictos, esperar una oportunidad más favorable, etcétera. Otros motivos, en cambio, radican en las consecuencias para el propio sujeto: proteger la propia imagen, eludir reacciones contraproducentes del otro para con uno, evitar riesgos o cambios no deseados, conservar o desarrollar poder, proteger intereses, lograr objetivos ocultos, mantener control sobre el proceso de comunicación, aparentar participación, etcétera. Una sola RIC puede responder a varios motivos a la vez.

Ciertos motivos de una RIC pueden ser loables; pero otros no. Además, en el ámbito de las organizaciones, cabe que un motivo personal sea bien intencionado y que, sin embargo, no sea conveniente para la organización. Por ejemplo, no plantear un problema a fin de no perjudicar a un compañero, mientras que para la compañía sería provechoso encarar el problema.

En muchas ocasiones, una RIC implica que el emisor no asume su responsabilidad correspondiente. Esto puede incluir lo siguiente:

- Hacerse el desentendido de la responsabilidad propia.

- Atribuir la responsabilidad o culpa a otro.

- Manifestar escepticismo. Por ejemplo, frente a una propuesta razonable de acción positiva, decir: "en esta organización es inútil intentar nada".

- Tomar los compromisos a la ligera. En el párrafo siguiente, hacemos un comentario acerca de las condiciones para asumir un compromiso.

Si se assume un compromiso, deben darse ciertas condiciones específicas (intención de cumplir y otras) y luego honrarse la promesa, salvo casos de fuerza mayor. En las organizaciones es común que una persona dé a entender que asume un compromiso, pero desde el comienzo piensa que habrá que cumplirlo o no, según su conveniencia, conforme se desenvuelvan los acontecimientos posteriores. Por ejemplo, prometer que se va a realizar una tarea (compromiso explícito), pero cumplirlo siempre y cuando no aparezca algo más urgente o importante para él (condición no explícita), o bien acordar una cita para después cancelarla si surge algo más interesante. M 01 - pág. 30

Los motivos de las RICs, referidos precedentemente, suelen radicar en factores subyacentes, como ser:

- Características personales del sujeto (por ejemplo, inseguridad) o percepciones de éste acerca de su interlocutor (por ejemplo, desconfianza). M 18 - pág. 64

- Relación entre el sujeto y su interlocutor (por ejemplo, una historia de permanentes conflictos). M 23 - pág. 72

- Condiciones de la organización u otros factores del entorno (por ejemplo, una cultura jerárquica y represiva).

Las RICs pueden tener consecuencias contraproducentes para la organización: ineficiencia, decisiones inferiores, desempeño insatisfactorio, sentimientos negativos, estrés, problemas de trabajo en equipo, irresolución del conflicto, debilitamiento de las relaciones, limitación del aprendizaje. Conforme señalamos más arriba, muchas veces las RICs se justifican individualmente, pero aun así pueden ser disfuncionales para la organización. M 09 - pág. 48

En general, las personas perciben las RICs ajenas más fácilmente que las propias. No obstante, suelen aparentar que las ajenas no se notan.

Se reconoce la existencia de las RICs en términos generales. Se aceptan como inevitables o naturales. Sin embargo, no es común plantearlas o discutirlas específicamente. Aun más, el intento de hacerlo puede aumentarlas, en lugar de disminuirlas.

Las RICs son inherentes a la naturaleza humana. Resultan inevitables. No podríamos vivir sin ellas. Y las organizaciones no escapan de esta regla general. Por lo tanto, no es cuestión de eliminarlas, sino de reducirlas para evitar sus consecuencias más perniciosas. Nuestra experiencia nos indica que constituyen un fenómeno bastante arraigado en las organizaciones, en mayor o menor grado. Es muy importante el análisis de sus causas y consecuencias, y de las medidas que pueden tomarse para intentar reducirlas.

Para profundizar en el tema, recomendamos los siguientes libros:

- *Cómo vencer las barreras organizativas* (Díaz de Santos, 1993) y *Conocimiento para la acción* (Granica, 1999), ambos de Chris Argyris.
- *Metamanagement*, de Fredy Kofman (Granica, 2001), Capítulo 7.

Comunicación – Columnas izquierda y derecha

COLUMNAS	
IZQUIERDA	DERECHA
Pensamientos y sentimientos no expresados	Conversación ocurrida

Chris Argyris y Donald Schön (*Theory in practice*, Jossey-Bass, 1974) propusieron un método para que un sujeto analice cierta conversación que mantuvo con otra persona. Se trata de una conversación en donde el sujeto no dijo todo lo que pensaba o sentía, y esto le provoca algún grado de insatisfacción. Un caso típico puede darse cuando el sujeto emplea una barrera defensiva a fin de evitar una eventual reacción del interlocutor que le resultaría desagradable. La idea es que el análisis abra nuevas posibilidades de interlocución que resulten más satisfactorias; vale decir, que sea una oportunidad de aprendizaje.

En este módulo nos limitamos a brindar una síntesis del método, distinguiendo tres etapas: relevamiento, diagnóstico y plan de acción.

El relevamiento consiste en escribir, en dos columnas, lo siguiente:

- En la derecha, el sujeto transcribe textualmente la conversación ocurrida, que incluye lo que dijeron tanto él como su interlocutor.

- En la izquierda, para cada una de las anotaciones de la columna derecha, registra respectivamente todo aquello que pensó y sintió, pero que no expresó.

Además, es conveniente completar el relevamiento apuntando aspectos fundamentales del marco contextual de la conversación: antecedentes, objetivos y expectativas del sujeto, otros participantes, dónde tuvo lugar, clima, etcétera.

El diagnóstico comprende:

1. Evaluar los resultados de la conversación (positivos o negativos). Aquí se debe tener en cuenta el enunciado de consecuencias que se indica en el módulo COMUNICACIÓN – EFECTOS .

••▶ M 09 - pág. 48

2. Examinar la brecha entre las columnas, en torno a las preguntas siguientes:

- ¿Por qué no expresé tales pensamientos y sentimientos?

- ¿Cuáles son las consecuencias de no haberlo hecho?

- ¿Qué habría pasado si lo hubiese hecho?

3. Imaginar cuál pudo haber sido la columna izquierda del interlocutor y los motivos que pudo haber tenido para pensar así.

M 03 - pág. 36
M 25 - pág. 76

Es probable que lo indicado en 2 y 3 tenga mucho que ver con el contenido del módulo COMUNICACIÓN – BARRERAS DEFENSIVAS O "RICs", y tal vez también con el módulo COMUNICACIÓN – TEORÍAS EXPUESTAS Y EN USO .

El plan de acción suele traer aparejado una especie de dilema en cuanto a la columna derecha futura:

- Expresar los pensamientos y sentimientos que no se manifestaron puede tener consecuencias peligrosas o contraproducentes para uno.

- No expresarlos tiende a mantener o incluso aumentar el nivel de insatisfacción.

M 18 - pág. 64

Sin embargo, el camino adecuado puede pasar por la columna izquierda, y no por la derecha. La idea es replantear los pensamientos y sentimientos puestos de relieve por la columna izquierda, lo cual requiere indagar nuestro marco mental . Esto puede implicar, por ejemplo, modificar supuestos acerca del comportamiento del otro, desarrollar empatía acerca de él, adoptar una actitud más protagonista, reconocer las fallas o errores propios, revisar las intenciones subyacentes, etcétera.

En síntesis, el objetivo es achicar la brecha entre las columnas izquierda y derecha del futuro, objetivo que puede lograrse cambiando una u otra columna, según la situación.

El método descrito puede emplearse también para una conversación programada, en cuyo caso la columna derecha transcribe lo que se supone habrá de ser la conversación.

Para profundizar en el tema recomendamos las siguientes lecturas:

- *La quinta disciplina*, de Peter M. Senge (Granica, 1992), Capítulo 6.

- *Conocimiento para la acción*, de Chris Argyris (Granica, 1999), Capítulo 6.

- *Metamanagement*, de Fredy Kofman (Granica, 2001), Capítulo 9.

Comunicación – Conductas asertiva y receptiva

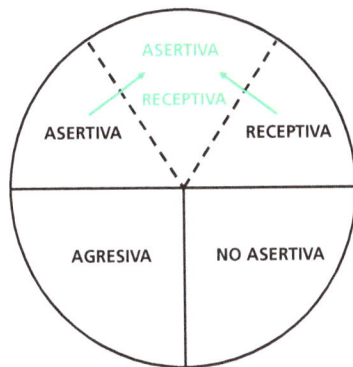

Malcolm E. Shaw, en su libro *El test de la gerencia* (El Cronista Comercial, 1985), distingue dos tipos de conducta:

- La asertiva: se centra en los recursos y objetivos del sujeto, sin menospreciar a los demás; incluye dar información, expresar una necesidad o deseo y señalar consecuencias positivas o negativas.

- La receptiva: se centra en los recursos y objetivos de los demás, sin que ello signifique que el sujeto se desmerezca; incluye buscar información, mostrar entendimiento y modificar la conducta propia.

El mencionado autor distingue la conducta asertiva de la agresiva; y la conducta receptiva de la no asertiva:

- La conducta agresiva se centra en los recursos y objetivos del sujeto, pero de una manera que menosprecia a los demás.

- La conducta no asertiva se centra en los objetivos y recursos de los demás, pero de una manera que desmerece al propio sujeto.

Nuestra síntesis: la conducta asertiva consiste en emitir un mensaje, excepto lo que signifique indagación y excluyendo la agresión; la conducta receptiva se basa en la indagación y revela estar verdaderamente dispuesto a tomar en cuenta el mensaje del otro. La conducta asertiva se moviliza primordialmente desde el propio marco mental. En cambio, la conducta receptiva apunta principalmente al marco mental del otro.

M 07 - pág. 45

M 18 - pág. 64

Shaw destaca que las conductas asertivas y receptivas son *lados opuestos de la misma medalla. Son modos abiertos, interactivos, de resolver problemas. Pueden integrarse. En contraste, la conducta agresiva y la no asertiva tienden a apartar a la gente de la interacción. La conducta agresiva demuestra una preocupación por ganar, por estar más arriba. La conducta no asertiva manifiesta una necesidad de ser querido, de armonizar, de evitar la interacción o la confrontación. Así, la conducta agresiva y*

M 05

la no asertiva no pueden integrarse, pueden presentarse en la misma persona o pueden derivar de fuentes semejantes: inseguridad, actitud defensiva o baja autoestima. Sin embargo, la conducta agresiva se expresa sin un adecuado interés por los otros, mientras que la conducta no asertiva se traduce en una falta de adecuado interés por sí mismo.

M - 01 - pág. 30   Casi todos los actos del habla configuran una conducta asertiva:

- Los informativos; o sea, la afirmación, la opinión y la expresión de sentimientos.

- Los proactivos, excepto la pregunta; o sea, la promesa, la oferta, la orden y la reacción frente a una oferta o pedido del interlocutor.

- Los normativos.

M 10 - pág. 50   La conducta receptiva radica en la pregunta (acto del habla), la escucha y la disposición a tomar debidamente en cuenta lo que el emisor diga.

M 07 - pág. 45   En cuanto al diálogo y la discusión, en general, el primero se identifica con la conducta receptiva, y el segundo, con la asertiva.

Si bien la conducta asertiva es distinta de la receptiva, el camino para maximizar cualquiera de las dos es dar un adecuado lugar a la otra. Si se pretende ser más y más asertivo, en algún punto es necesario ser receptivo, y viceversa: si se busca ser receptivo a ultranza, en algún momento habrá que ser asertivo.

Comunicación – Decálogo

1.	Confianza mutua
2.	Respeto mutuo
3.	Cordialidad
4.	Asertividad
5.	Receptividad
6.	Transparencia
7.	Suministro de feedback efectivo
8.	Opiniones intersectoriales
9.	Disenso
10.	Conflicto

Actitudes fundamentales

1. CONFIANZA MUTUA: confiar en la información que se brinda a los demás. Y estar dispuesto a brindar información, confiando en que los demás no la van a usar en contra de uno. ••▶ M 23 - pág. 72

2. RESPETO MUTUO: interesarse genuinamente por los demás, reconocer sus conocimientos y habilidades, comprender su motivación, aceptar su estilo, respetar sus valores, etcétera. ••▶ M 23 - pág. 72

3. CORDIALIDAD: ser atento y amable. Brindar apoyo emocional. Evitar comportamientos agresivos u ofensivos. ••▶ M 23 - pág. 72

Comportamientos básicos

4. ASERTIVIDAD: brindar información fáctica u opinión personal, expresar necesidades, deseos o sentimientos, hacer declaraciones, realizar ofertas, formular pedidos, proponer acciones, asumir compromisos, etcétera. ••▶ M 05 - pág. 41

5. RECEPTIVIDAD: preguntar, escuchar prestando verdadera atención, tener empatía con los demás, etcétera. ••▶ M 05 - pág. 41

6. TRANSPARENCIA: reducción positiva de las "barreras defensivas" (brecha entre lo que se dice o no se dice, en un momento dado, y lo que se piensa o siente, se hace o se dice en otro momento). ••▶ M 03 - pág. 36

7. SUMINISTRO DE FEEDBACK EFECTIVO: es información que una persona (el emisor) da a otra (el receptor) acerca del desempeño (la conducta y sus resultados) de este último, con el propósito de ayudarlo. Dentro del feedback cabe distinguir: ••▶ M 13 - pág. 55

   – El feedback positivo, que consiste en el refuerzo de un desempeño favorable (por ejemplo, por medio del elogio).

   – La crítica constructiva, referida a un desempeño mejorable.

M 06

Confrontación constructiva

••▶ M 63 - pág. 160
8. OPINIONES INTERSECTORIALES: libertad para opinar sobre las áreas de responsabilidad de otros miembros.

••▶ M 63 - pág. 160
9. DISENSO: ambiente favorable para el disenso en los procesos que llevan a la toma de decisiones (sin perjuicio del alineamiento correspondiente una vez tomada la decisión).

••▶ M 63 - pág. 160
10. CONFLICTO: adecuado manejo del conflicto. Afrontar los conflictos con un propósito constructivo.

TRES PAUTAS ADICIONALES QUE ENRIQUECEN LA COMUNICACIÓN

••▶ M 18 - pág. 64
- Tener en cuenta la posible brecha de significados entre el emisor y el receptor, especialmente debido a sus respectivos marcos mentales.

••▶ M 07 - pág. 45
- Equilibrio entre diálogo y discusión.

••▶ M 09 - pág. 48
- Orientación a la solución de problemas y a la acción consecuente.

Comunicación – Diálogo y discusión

M 07

◀◀
Módulo
antecedente
20

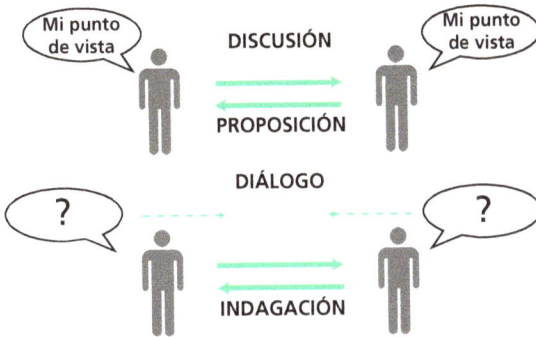

La calidad de la comunicación depende del grado de acercamiento entre los significados del receptor y del emisor. A su vez, un factor clave del significado lo constituyen los respectivos **marcos mentales** de esos actores. De ello se desprende que una comunicación efectiva requiere de la "indagación"; de acciones comunicacionales tendientes a conocer y comprender el marco mental del otro, lo que implica preguntar y **escuchar activamente**. Un concepto que cabe oponer a indagación es el de "proposición", que se refiere a intentar que el otro conozca, comprenda y esté de acuerdo con el marco mental de uno.

••▶ M 18 - pág. 64

••▶ M 10 - pág. 50

En paralelo con la diferencia entre indagación y proposición, se ha hecho la distinción semántica entre "diálogo" y "discusión". El diálogo se basa en la indagación. La discusión comprende la proposición. La confrontación y la argumentación son materia de la discusión, no del diálogo. La idea es que en la comunicación hay un momento para el diálogo y otro para la discusión. No se trata de eliminar la discusión. Pero se observa que, en general, hay un déficit de diálogo y un exceso de discusión. Muchas veces nos lanzamos a discutir sin antes obtener los beneficios del diálogo. Por ejemplo, alguien nos dice algo con lo cual, en principio, no estamos de acuerdo, e inmediatamente expresamos nuestra opinión contraria (discusión), en lugar de indagar, de preguntar por qué el otro piensa así (diálogo).

Para profundizar en este tema, recomendamos los siguientes libros:

- *La quinta disciplina*, de Peter M. Senge (Granica, 1992), Capítulo 12.

- *Metamanagement*, de Fredy Kofman (Granica, 2001), Capítulo 11.

Comunicación – Doble vínculo

Se pide a la persona que realice A, o recibirá un castigo
Al mismo tiempo, se pide a la persona que haga B, lo cual entra en conflicto con A
No está permitido hacer ningún comentario acerca de lo absurdo de la situación

En el artículo "Hacia una teoría de la esquizofrenia" (*Ciencia del comportamiento*, 1956, vol. 1, 251-264) Bateson, Jackson, Haley y Weakland desarrollaron por primera vez la teoría del doble vínculo.

El doble vínculo puede ser entendido como una situación comunicativa en la que una persona recibe mensajes contradictorios. En la situación se deben dar al mismo tiempo los siguientes imperativos:

- Se pide a la persona que realice A, o recibirá un castigo. Por ejemplo, un gerente solicita a un colaborador que haga muy rápidamente un trabajo que por lo general llevaría mucho tiempo.

- Al mismo tiempo se le pide que haga B, lo cual entra en conflicto con A. En el ejemplo anterior, se le solicita que esté muy atento a los detalles y que controle el trabajo antes de entregarlo.

- No está permitido hacer ningún comentario acerca de lo absurdo de la situación. Siguiendo con el ejemplo, quien hace el encargo es tan irritable que es un riesgo decir algo al respecto.

La particularidad del doble vínculo reside en el hecho de que hay dos premisas en conflicto y ninguna de ellas puede ser ignorada. Y se supone que no cabe plantear la contradicción. Esta situación deja a la víctima frente a una disyuntiva irresoluble, ya que cualquiera de las dos demandas que quiera llevar a cabo anula la posibilidad de cumplir con la otra. La frase que representa esta situación es "debo hacerlo, pero no puedo".

La situación implica a dos o más personas: una, a quien se señala como la "víctima", y la otra (o las otras), quien está en una posición ventajosa con respecto a la víctima –o sea, una figura que tiene autoridad.

Además, debe ser una experiencia que se repite. Tiene que ser una situación recurrente para la víctima, y es por ello que no se puede resolver como si se tratase de una sola experiencia traumática.

Otro ejemplo típico en el ámbito de las organizaciones es el de un colaborador que reporta a dos personas que le asignan tareas contradictorias entre sí. Por ejemplo, una persona le dice: "tienes que atender el teléfono cada vez que suene", y la otra: "tienes que ir a hacer este trámite al banco ahora y no acepto un no como respuesta".

Si la víctima pretende romper con la situación de doble vínculo, en principio no tiene otra salida que incumplir el tercer imperativo: plantear la contradicción entre los dos primeros imperativos. Este planteo da lugar a la "metacomunicación"; o sea, la comunicación acerca de cómo nos estamos comunicando, lo cual tiende a aclarar la problemática del proceso. En los ejemplos, el colaborador debería buscar el momento adecuado para exponer su situación y la imposibilidad de atender las dos demandas al mismo tiempo.

Por último, cuando en una relación no hay posibilidad de construir una metacomunicación eficiente, y aparecen otros factores como la negación por parte de uno o algunos de los involucrados, resulta necesario recurrir a un tercero o un profesional.

Comunicación – Efectos

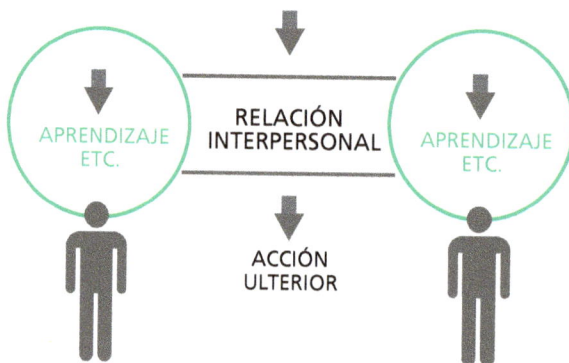

El proceso de comunicación trae aparejados cuatro tipos de consecuencias, estrechamente vinculadas entre sí:

M 58 - pág. 150

1. La acción ulterior. Por ejemplo, en una conversación orientada a resolver un problema, se toma una decisión que lleva a la acción, la cual se supone que lo solucionará.

M 23 - pág. 72

2. El efecto sobre las relaciones interpersonales. El proceso de comunicación entraña una dinámica de la relación que puede afectarla de manera favorable o desfavorable. Volviendo al ejemplo indicado en el punto 1, puede que la decisión y la acción ulterior hayan sido adecuadas, pero al mismo tiempo cabe que la conversación haya influido negativamente en el clima de las relaciones interpersonales. Por ejemplo, suele ocurrir que un grupo, debido a su propia interacción, mejore o empeore su espíritu de equipo.

M 62 - pág. 159

3. El aprendizaje resultante del proceso de comunicación. A lo largo de este proceso, se puede aprender mucho, poco o nada. Por ejemplo, en una conversación abierta acerca de un problema, es factible un aprendizaje sustantivo basado en la reflexión sobre los errores cometidos. En cambio, en una conversación viciada por barreras defensivas, es probable que tal aprendizaje no se logre.

4. Otros efectos, como el placer de una buena conversación, la diversión, etcétera.

Sin negar que la comunicación es acción, pensamos que es conveniente distinguir la acción que constituye la comunicación en sí de la acción ulterior que genera la comunicación. En las organizaciones esta acción ulterior incluye:

- En el campo operativo, acciones concretas internas y con terceros, como obtención de financiamiento, abastecimiento, desarrollo de productos, producción, prestación de servicios, comercialización, pagos, cobranzas, etcétera.

- En materia de cambio organizacional, intervenciones específicas que crean o modifican la estrategia, la estructura organizativa, los sistemas y, eventualmente, la cultura.

En síntesis, decir que la comunicación es acción resulta una obviedad. Lo relevante es si la comunicación conduce a una acción ulterior eficaz o si, por el contrario, deviene acción ineficaz o inacción. Esto aparte de que la comunicación puede tener otros objetivos válidos, como ser la diversión.

Comunicación – Escucha

Oír ≠ Escuchar
Importancia de los marcos mentales
Pautas fundamentales: – Sentir empatía – Respetar las diferencias – Mantener una conducta receptiva – Verificar la escucha

No es lo mismo oír que escuchar:

- Según la primera acepción del Diccionario de la Real Academia Española, oír significa "percibir con el oído los sonidos", y escuchar, "prestar atención a lo que se oye".

- Oír es un fenómeno que pertenece al orden fisiológico, consiste en percibir las vibraciones del sonido. Escuchar implica la interpretación de quien está oyendo, que da significado al sonido, y además percibe el lenguaje corporal.

- Oír no requiere atención ni intención, no implica esfuerzo, es algo pasivo. Escuchar es todo lo contrario.

En el proceso de escuchar juegan tanto el marco mental del emisor del mensaje como el del receptor. Por un lado, el marco mental del emisor tiene que ver con el significado que le da al mensaje; por ello es importante que el receptor indague acerca del marco mental de su interlocutor, a fin de facilitar la comprensión de lo que exprese. Por otro lado, el propio marco mental del receptor influye sobre su percepción y su interpretación del mensaje; por ello es también importante que el receptor preste atención a su marco mental, con el propósito de asegurar que no atenta contra la debida comprensión del mensaje.

M 18 - pág. 64

Para una buena escucha es conveniente aplicar las siguientes pautas fundamentales:

- Sentir empatía. Vale decir, saber ponerse en el lugar del otro.

- Respetar las diferencias. Todas las personas somos individuos distintos en conocimientos y habilidades, valores y creencias, personalidad, gustos, etcétera. Es necesario aprender a convivir y a valorar dichas diferencias. Si bien uno no puede despojarse de su marco mental y ve la realidad desde su propia perspectiva, poder estar abierto a opiniones es una actitud imprescindible para lograr una escucha exitosa. Las personas con apertura mental están dispuestas a escuchar opiniones contrarias a las suyas y las tienen en cuenta.

- Mantener una **conducta receptiva**. Esto implica centrarse en los recursos y objetivos del otro, buscar información, mostrar entendimiento y modificar la conducta propia. ••▶ M 05 - pág. 41

- Verificar la escucha. Consiste en que quien escuchó repita lo que se le dijo con sus propias palabras y resuma las ideas principales. Si lo hace correctamente, entonces el emisor del mensaje manifiesta su conformidad. Es importante saber que el tiempo perdido en una escucha deficiente lleva a costos mayores que invertir un par de minutos en verificar la escucha.

A continuación, listamos algunas estrategias específicas para la escucha efectiva:

- Mirar directamente a la persona que habla.

- Esforzarse por prestar atención, aun si el tema no le interesa. Buscar motivaciones propias para escuchar.

- Evitar que otras cosas lo distraigan mientras escucha. Elegir estratégicamente el momento y el lugar de la conversación.

- Capturar las ideas principales del mensaje, y concentrarse en ellas.

- Hacerse preguntas en su mente a medida que el orador avanza. Pero, en general, esperar a que termine para formularlas.

- No reaccionar apresuradamente a un mensaje negativo o inadecuado. Escuchar todo el mensaje antes de responder.

- Tomar notas breves cuando se debe retener mucha información.

La escucha es una competencia clave para lograr el aprendizaje y para el alto desempeño de las organizaciones y de los equipos. La escucha enriquece las relaciones tanto laborales como personales. Al escuchar efectivamente obtenemos más información sobre nuestros interlocutores y se reducen los malentendidos.

Comunicación – Feedback – Cómo darlo

EMISOR

- Ayudar

- Evitar mecanismos defensivos

- Limitarse al comportamiento específico

RECEPTOR

El feedback debe contener la información necesaria para cumplir con su objetivo esencial, que es ayudar:

•• ▶   M 01 - pág. 30

- Debe incluir tanto afirmaciones (lo fáctico) como opiniones o juicios de valor. Esto es inevitable, desde que el feedback parte de la distinción entre desempeño favorable o mejorable. Sin embargo, conforme indicamos en el módulo COMUNICACIÓN – ACTOS DEL HABLA, es conveniente distinguir las afirmaciones de las opiniones; no expresar opiniones como si fuesen una afirmación susceptible de ser considerada verdadera o falsa. Además, en lo posible, corresponde fundar las opiniones en los criterios pertinentes, evitando juicios personales que carezcan de marco de referencia. Por último, hay que moverse dentro de los límites que señalamos más adelante en cuanto a qué incluir y qué no dentro del feedback.

- Debe tomar en cuenta no sólo el desempeño del receptor, sino también la situación en que se desenvuelve y su efecto sobre el emisor, los demás y la tarea.

- En la crítica constructiva cabe incluir recomendaciones orientadas a mejorar el desempeño del receptor.

- Es importante indagar por el punto de vista del receptor a fin de enriquecer positivamente el marco del feedback.

Bajo ciertas condiciones, es válido y positivo que el emisor le exprese al receptor las emociones o sentimientos personales que considera relacionados con su desempeño. Esto puede hacerse sin emitir juicio de valor sobre el desempeño en sí; simplemente ponerlo al tanto de cómo se siente el emisor, lo cual puede ser información útil o incluso ignorada por el receptor. Tal proceder tiene sus límites: no es adecuado ejercerlo con demasiada frecuencia y requiere de un interlocutor que no utilice la información para aprovecharse de la vulnerabilidad del emisor.

Si bien el feedback debe contener la información indispensable para poder ayudar, en la crítica constructiva es preferible omitir cualquier agregado innecesario que incremente los mecanismos defensivos del receptor:

- Limitarse al comportamiento específico observado. No referirse a la persona en sí, especialmente en la crítica constructiva; no hacer extrapolaciones acerca de la personalidad del receptor. Proteger su identidad; un ejemplo de cómo correspondería criticar un comportamiento: "una persona como tú no debería hacer esto". Evitar abstracciones o generalizaciones que trasciendan el comportamiento específico; por ejemplo, corresponde decir: "este argumento no me parece lógico", en lugar de: "eres ilógico".

- No utilizar palabras "cargadas" que tienden a producir reacciones emocionales defensivas. Prescindir de adjetivos peyorativos que agregan poco o nada a la opinión central.

- Abstenerse de manifestar supuestos acerca de las intenciones o motivos no explícitos del comportamiento del receptor; por ejemplo: "no cumpliste con lo prometido porque no te interesa". Aunque el supuesto sea certero, siempre es susceptible de cuestionamiento; pone al otro a la defensiva, tiende a generar una conversación improductiva, etcétera.

Si el receptor reacciona defensivamente frente a una crítica constructiva, por lo común es prudente que el emisor no insista en el momento sobre el punto, buscando una oportunidad más propicia para ayudar.

Habitualmente, es mejor dar feedback cuanto antes, salvo que haya razones especiales para esperar el momento más oportuno.

Como norma general, la crítica constructiva debe darse en privado. El refuerzo puede darse en público, pero a veces hay que tener cuidado con el efecto que puede ejercer sobre los demás. En algunos casos, las reacciones de terceros pueden ser perjudiciales, incluso para el destinatario del refuerzo. Esto depende en parte del ambiente o la cultura de los afectados.

En general, más allá de los casos puntuales, corresponde ser generoso con el refuerzo y bien selectivo con la crítica constructiva. Lamentablemente, muchas personas actúan al revés: son reticentes con el refuerzo y abusan de la crítica. Aquí debe tenerse en cuenta lo indicado en el módulo COMUNICACIÓN – INTERACCIONES POSITIVAS Y NEGATIVAS, en el sentido de que es provechoso que las interacciones positivas predominen sobre las negativas. M 17 - pág. 62

Comunicación – Feedback – Cómo recibirlo

EMISOR

APERTURA
PEDIDOS / PREGUNTAS
ESCUCHA
REVELACIÓN
CLARIFICACIÓN
VERIFICACIÓN

RECEPTOR

El feedback es un instrumento poderoso para la mejora del desempeño y el desarrollo de la persona, especialmente en los aspectos conductuales. El cambio del comportamiento no es fácil: requiere conocimiento adecuado acerca de la conducta deseable, un diagnóstico acertado sobre la conducta actual y sus consecuencias, y la voluntad de encarar la modificación buscada. El feedback puede ayudar positivamente en los tres requisitos, pero es particularmente valioso con respecto al segundo, porque suele ocurrir que la persona no tiene claras las implicancias de su propia conducta.

La eficacia del feedback depende del emisor: qué da, por qué y cómo lo da, pero también de la actitud del receptor. En este orden, cabe establecer ciertas pautas:

- Partir de la base de que la información puede ser útil.

- Pedir feedback. Tener en cuenta que mucha gente no está muy dispuesta a darlo. Formular preguntas abiertas (pueden ser específicas) para favorecer la contribución del emisor.

••▶   M 10 - pág. 50 - Escuchar activamente. Tomar la información como un medio para el autoconocimiento y el autodesarrollo. No ponerse defensivo. Evitar rebatir la información o justificar el comportamiento, salvo que se trate de un diálogo que enriquezca el feedback. Además, las reacciones indebidas atentan contra la inclinación del emisor para volver a dar feedback en el futuro.

••▶   M 26 - pág. 77 - Emplear la revelación. Conforme a la "ventana de Johari", la revelación incrementa la ventana "abierta", a expensas de la "privada". Esto favorece las condiciones psicológicas del feedback. Existe un círculo virtuoso entre ambos fenómenos: revelación y feedback.

••▶   M 07 - pág. 45 - Clarificar la información recibida. Pedir especificaciones o ejemplos.

••▶   M 13 - pág. 55 - Verificar entendimiento con el emisor. En ciertos casos, pedir feedback a otras personas.

Comunicación – Feedback – Conceptos básicos

M 13

EMISOR

RECEPTOR

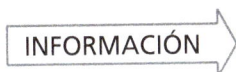
INFORMACIÓN

DESEMPEÑO

PROPÓSITO:
AYUDAR

El feedback es información que un emisor brinda a un receptor acerca de su desempeño, con el propósito de ayudarlo. El desempeño del receptor, sobre el que se realiza el feedback, comprende el comportamiento y sus resultados. El emisor puede considerar el desempeño del receptor como favorable o como mejorable. Si ocurre lo primero, corresponde feedback de refuerzo, que consiste en alentar al receptor a continuar con tal desempeño; por ejemplo, el elogio. Si sucede lo segundo, tiene lugar la crítica constructiva orientada a que el receptor mejore su desempeño.

En el feedback es esencial el propósito de ayudar al otro. La información que se da para desahogar la incomodidad o el enojo que el desempeño del receptor provoca en el emisor, en sustancia, no constituye feedback. Para que exista ayuda se requiere que el receptor entienda claramente la información que recibe, la acepte y sea capaz de hacer algo positivo con ella.

El feedback requiere, tanto de parte del emisor como del receptor, de las actitudes fundamentales señaladas en el módulo COMUNICACIÓN EFECTIVA – DECÁLOGO: confianza mutua, respeto mutuo y cordialidad. Y también transparencia (la antítesis de las barreras defensivas, comportamiento enunciado también en dicho módulo).

••▶ M 06 - pág. 43

••▶ M 03 - pág. 36

En una organización, la persona que tiene gente a cargo (gerente, jefe, supervisor, etcétera) debe dar feedback a sus colaboradores, como parte de sus funciones fundamentales. Pero el feedback cabe en muchas otras relaciones dentro de la organización: entre pares, del colaborador a su superior jerárquico, etcétera. Asimismo, sucede en otros ámbitos: en la familia, entre amigos, en la escuela, etcétera.

En las organizaciones, el feedback puede o debe darse en múltiples oportunidades; es más un proceso que un evento. En este sentido, es distinto de la evaluación formal que se acostumbra realizar en momentos predeterminados (generalmente, una o dos veces al año), de acuerdo con políticas y procedimientos establecidos. El feedback es aplicable toda vez que ocurra un desempeño que lo merezca. Por ejemplo, en una relación entre un gerente y sus colaboradores, pueden generarse muchas oportunidades de feedback con miras a la capacitación y motivación de los colaboradores. La evaluación formal debería ser un resumen del feedback brindado durante el período objeto de su evaluación. La omisión del feedback correspondiente en su momento debilita luego la evaluación formal, genera omisiones, explicaciones tardías, reacciones de sorpresa, frustración, etcétera.

El feedback puede ser implícito o explícito. El implícito ocurre por medio de gestos, tonos de voz, miradas, silencios y otras expresiones no verbales. El explícito tiene la ventaja de permitir información clara, evitando suposiciones o adivinanzas.

·· ▶ M 26 - pág. 77

Bien dado, el feedback suele ser de gran ayuda para el receptor. Es común que él no tenga una idea cabal de su desempeño, y entonces el feedback cumple una función primordial en el proceso del autoconvencimiento necesario para encarar el autodesarrollo. En términos de la "ventana de Johari", el feedback aumenta la ventana "abierta" y reduce la "ciega".

El feedback ofrece múltiples beneficios: no sólo contribuye a la mejora del desempeño y el desarrollo del receptor, sino que también auxilia en la solución de problemas, favorece la motivación del receptor, mejora o mantiene la relación entre emisor y receptor, y reduce la tensión del emisor.

Comunicación – Gestión de la ignorancia

	Hechos / Información	Marcos de interpretación / Conocimiento	
Insuficiente	INCERTIDUMBRE	AMBIGÜEDAD	→ Obtener más
Demasiado	COMPLEJIDAD	CONFLICTO	→ Restricción
	↓ Análisis	↓ Interpretación	

Para la elaboración de este módulo nos basamos en el artículo de Michael H. Zack titulado "Managing Organizational Ignorance", publicado en *Knowledge Directions*, Volume 1, Summer, 1999, pp. 36-49. Pero nos limitamos a resumir los aspectos que tienen que ver con la comunicación.

El conocimiento (en el sentido más amplio de la palabra) puede ser dividido entre la información objetiva (fáctica) y el conocimiento más complejo que apoya la interpretación de la información y su uso para generar puntos de vista, construir inferencias y explicaciones, y emitir juicios acerca de cómo y por qué las cosas funcionan. El procesamiento de la información se asocia a situaciones de gestión en un contexto acordado y con un sentido de interpretación dado, mediante el análisis, la manipulación y la comunicación de los hechos. El procesamiento del conocimiento, por otro lado, se asocia con la resolución o el manejo de situaciones que implican interpretar, crear, compartir y negociar significados.

Por otra parte, respecto tanto de la información como del conocimiento, Zack distingue dos clases de situaciones: que el caudal sea insuficiente o que sea demasiado abundante.

Los dos párrafos precedentes configuran una matriz que da lugar a cuatro tipos de problemas:

1. Incertidumbre: no tener suficiente información.

2. Complejidad: tener que procesar más información que la que se puede manejar o entender.

3. Ambigüedad: no tener un marco conceptual para la interpretación de la información.

4. Conflicto: tener varios marcos conceptuales que compiten o son contradictorios. En el original inglés esta categoría se denomina "*equivocality*"; creemos que la palabra "conflicto", si bien no constituye una traducción literal, es la que mejor refleja el concepto.

M 14

Cada problema describe una forma particular de ignorancia de la organización, requiriendo una capacidad determinada de procesamiento del conocimiento.

La complejidad y el conflicto necesitan restricción para crear estructura y significado. La resolución de los problemas de la complejidad requiere la restricción de información fáctica; lidiar con el conflicto demanda la restricción de diversos puntos de vista o interpretaciones. Por el contrario, la incertidumbre exige la adquisición (o estimación) de información o hechos, mientras que la ambigüedad requiere la adquisición de conocimientos o marcos interpretativos. Por lo tanto, el procesamiento restrictivo en general está focalizado internamente (trabajar o dar sentido a la información y el conocimiento que ya se tienen), mientras que el procesamiento adquisitivo demanda la búsqueda de más información o conocimiento.

Teniendo en cuenta el destacado papel que la tecnología de la información está asumiendo en la generación de una ventaja competitiva en general y en la gestión del conocimiento en particular, el marco de los problemas del conocimiento se puede utilizar para identificar las áreas en que la tecnología puede aportar su contribución más útil. La distinción clave es entre los problemas orientados a la *información* (incertidumbre y complejidad) y los problemas orientados hacia el *conocimiento* (ambigüedad y conflicto).

La tecnología de la información, entonces, se puede utilizar con mayor eficacia para la gestión de la incertidumbre y la complejidad, donde la información es más objetiva, no es necesario un alto grado de interacción o los comunicadores comparten una comprensión de la situación.

La ambigüedad y el conflicto se manejan mejor por comunicaciones frecuentes cara a cara, y dependen de una red flexible y ágil (*responsive*) de contactos personales para servir como fuente de conocimiento y experiencia.

Comunicación – Imposible no comunicar

ACCIÓN U OMISIÓN ⟶ INTERPRETACIÓN

COMUNICACIÓN

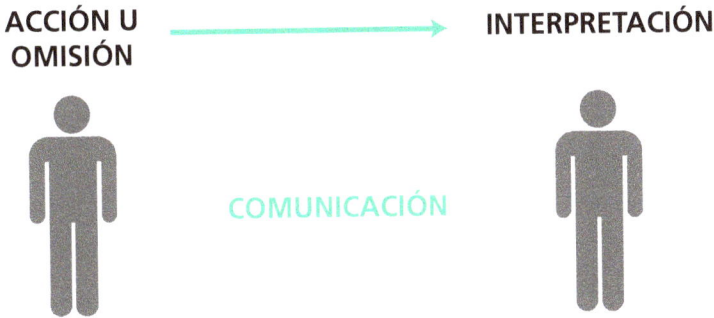

En el libro *Teoría de la comunicación humana. Interacciones, patologías y paradojas* (Herder, 1967), Paul Watzlawick, Janet Beavin y Don D. Jackson desarrollan los axiomas de la comunicación humana. En este módulo tratamos uno de ellos: es imposible no comunicar.

Los autores sostienen que toda conducta en relación con otra persona implica una comunicación, aunque la conducta no tenga intención alguna de comunicar; por ejemplo, no hablar ni escuchar. Cada acción u omisión contiene un mensaje, si alguien lo interpreta. Cualquier conducta frente a un interlocutor siempre tiene un significado para la otra persona. En el ejemplo, no hablar puede entrañar un mensaje de indiferencia, falta de respeto, estar ocupado, etcétera.

M 20 - pág. 68

Vale la pena resaltar que la comunicación no sólo se efectúa de forma consciente y deliberada, sino que también se emiten mensajes sin saberlo ni quererlo. Los gestos, la forma de vestirse, los movimientos que hacemos, etcétera, son factores de los que se vale una persona para interpretar la conducta de su interlocutor.

Comunicación – Indagación apreciativa

CONFIANZA Y COMPROMISO CON EL FUTURO

⬆

SENTIMIENTO DE AUTOVALORACIÓN

⬆

VER LO BUENO DE NUESTRO PASADO Y PRESENTE

La indagación apreciativa es un proceso en el cual un grupo invierte tiempo en identificar las cosas buenas que ha hecho o que posee, sus recuerdos agradables, sus historias de éxito. Se basa en lo indicado en el módulo COMUNICACIÓN – INTERACCIONES POSITIVAS Y NEGATIVAS. La idea es que tal proceso genera un sentimiento de autovaloración que favorece la confianza y el compromiso necesarios para afrontar los desafíos futuros. Se trata de habilitar un espacio para las interacciones positivas, aspecto que tratamos en el módulo respectivo.

•• ▶ M 58 - pág. 150 La indagación apreciativa parte de un enfoque distinto de la clásica metodología de resolución de problemas, la cual se aboca a lo que anda o puede andar mal, a sus causas y sus consecuencias, a fin de encarar el remedio correspondiente. Por el contrario, la indagación apreciativa hace foco en lo que anduvo o anda bien.

Cabe aclarar que definimos como "problema" a la brecha entre una situación actual o proyectada y un objetivo. Esta definición incluye no sólo el problema negativo, sino también el aprovechamiento de oportunidades, que surge cuando la brecha se crea por la aspiración a nuevos objetivos, y no necesariamente porque las cosas anden o puedan andar mal. La indagación apreciativa está más cerca del aprovechamiento de oportunidades que del análisis de problemas negativos. Un mismo proceso puede comprender una primera etapa de indagación apreciativa y una segunda etapa de aprovechamiento de oportunidades. Aun más, en el examen de la situación con miras al aprovechamiento de oportunidades es habitual emplear el método FODA, que consiste en identificar las fortalezas y debilidades internas y las oportunidades y amenazas externas. Y la identificación de las fortalezas está en línea con el espíritu de la indagación apreciativa.

Frente a algo que en parte está bien y en parte no, la búsqueda de la excelencia invita a concentrarse en lo segundo, lo cual implica la crítica, explícita o implícita. Habitualmente la crítica demanda más tiempo que el elogio, aplicable a lo que está bien. Es lógico que así sea. Pero tal proceder puede tener efectos psicológicos contraproducentes. Por ejemplo, cuando una persona presenta un producto de su elaboración a un grupo para que lo revise. Supongamos que el producto es 90% perfecto y sólo 10% perfectible. Es probable que el grupo consagre unos minutos a encomiar dicho 90% y se dedique casi exclusivamente a perfeccionar el 10% restante. De esta manera se enriquece el producto, pero hay que ver cómo se siente el autor, dependiendo de múltiples factores, incluyendo su personalidad. A este fenómeno lo hemos denominado el "síndrome de la crítica constructiva". El efecto psicológico contraproducente de las interacciones negativas puede alcanzar no sólo al "criticado", sino también al resto de los miembros del grupo, como una cuestión de ambiente desfavorable.

Es evidente que hay momentos para la resolución de problemas y momentos para la indagación apreciativa. Pero el énfasis en la segunda es un llamado de atención para evitar el abuso de la primera, originado por la tendencia a la perfección y a la crítica consecuente.

Comunicación – Interacciones positivas y negativas

INTERACCIONES

    POSITIVAS

       % ➡ ¡ÉXITO!

    NEGATIVAS

       HASTA CIERTO LÍMITE

En este módulo, primero nos basamos en la obra de Barbara Fredrikson, autora del libro *Vida positiva* (Norma, 2009) y varios artículos sobre el tema.

M 01 - pág. 30

Dentro de los actos comunicacionales, se distinguen las interacciones positivas de las negativas, en función de los pensamientos y emociones o sentimientos que transmiten. Las primeras expresan algo positivo; las segundas algo negativo. Los pensamientos comprenden afirmaciones u opiniones que cabe clasificar de tal forma. Asimismo, las emociones o sentimientos pueden ser positivos (alegría, gratitud, serenidad, interés, esperanza, orgullo, diversión, inspiración, fascinación, amor, etcétera) o negativos (ira, disgusto, tristeza, miedo, culpa, vergüenza, envidia, etcétera). La distinción en sí es independiente de si lo manifestado es válido o verdadero. La idea es que la expresión positiva tiende a generar en el interlocutor pensamientos y emociones o sentimientos positivos, y viceversa. De esta manera, las interacciones influyen sobre el clima de las relaciones interpersonales. En ese orden, Fredrikson propone que el camino del éxito en las relaciones interpersonales (por ejemplo, el trabajo en equipo) es que la cantidad de interacciones positivas supere claramente la de las negativas. Pero no demasiado, porque entonces habría un problema de falta de autocrítica.

John Gottman, experto en la materia y en terapia de pareja, autor del libro *Siete reglas para vivir en pareja* (De Bolsillo – Sudamericana, 2006), sostiene que en la dinámica de una pareja existe cierta correlación entre el predominio de las interacciones positivas sobre las negativas y el éxito de la pareja. Gottman ha observado la interacción de miles de parejas y, basado en dicho concepto, predice su futuro; ¡y viene acertando en más de un 90% de los casos!

La proposición de dichos autores está respaldada por importantes trabajos de investigación, tanto de Fredrikson como de Gottman, y goza de reconocimiento en el ambiente científico. El tema está bien tratado en el Capítulo 17 del libro *Ecuaciones emocionales*, de Chip Conley (Ediciones B, 2012), que introduce la siguiente ecuación:

$$\text{Prosperidad*} = \frac{\text{Frecuencia de lo positivo}}{\text{Frecuencia de lo negativo}}$$

Todo lo antedicho tiene conexión con el módulo COMUNICACIÓN – OPTIMISMO Y PESIMISMO, y sirve de apoyo al enfoque de la indagación apreciativa.

•• ▶ M 19 • pág. 66

•• ▶ M 16 • pág. 60

---

* Si la prosperidad es igual a 3 o más.

Comunicación – Marco mental de las personas

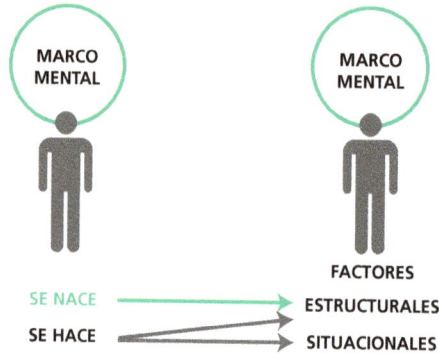

Toda persona que interviene en cualquier proceso de comunicación lo hace desde su marco mental, que está condicionado por sus características personales (estructurales) y por las condiciones circunstanciales que afronta.

Las características personales abarcan:

- Conocimiento y habilidades específicas.
- Valores y creencias.
- Vocación.
- Condiciones físicas.
- Personalidad.
- Inteligencia.

En el Capítulo 2 del libro *El cambio del comportamiento en el trabajo*, de Santiago Lazzati (Granica, 2008), se analizan dichas características personales.

Las condiciones circunstanciales comprenden:

- Necesidades, intereses, deseos, etcétera.
- Estado de ánimo.
- Estado físico.
- Roles.
- Expectativas.
- Información disponible.

Las características personales y las condiciones circunstanciales configuran el contenido del marco mental. Adicionalmente, debemos considerar cómo se origina tal contenido. En este sentido, cabe distinguir tres tipos de causas que interactúan con frecuencia:

- Los factores genéticos.

- La historia personal, donde juega un rol preponderante el aprendizaje proveniente de la educación y de la experiencia. En este orden, muchos autores destacan la importancia de las etapas más tempranas de la vida.

- La influencia del contexto, desde el entorno más cercano, como la familia, hasta el más abarcativo. Aquí es relevante la cultura, que incluye el lenguaje. Éste no sólo transmite lo que pensamos, sino que condiciona nuestro pensamiento; por ejemplo, la disponibilidad de palabras sofisticadas para caracterizar determinados fenómenos favorece la profundización de su análisis.

Lo antedicho significa que el marco mental suele tener cierto grado de rigidez, lo cual tiende a ser una restricción, o al menos un desafío, en el proceso de comunicación.

Los marcos mentales del **emisor y el receptor del mensaje** ejercen una influencia poderosa sobre el significado que cada uno de ellos le confiere al mensaje. Tomemos un comentario corto y claro, de muy pocas palabras bien conocidas por ambas partes; pareciera que habrá de generar coincidencia entre los significados otorgados por el emisor y el receptor, pero los respectivos marcos mentales pueden provocar que lo que uno quiso decir sea muy distinto de lo que el otro interpretó. Por ejemplo, el jefe le comunica a su colaborador la asignación de una tarea desafiante; el jefe supone que se trata de una oportunidad muy favorable para el colaborador; en cambio, éste piensa que la asignación lo perjudica.

•• ▶ M 20 - pág. 68

En el caso del receptor cabe destacar que su marco mental afecta:

- La percepción de la información, porque el marco mental actúa como un selector en cuanto a qué se le presta atención y cuánto.

- La interpretación que hace de la información percibida.

- El resto del proceso que conduce a darle significado al mensaje (razonamientos, juicios de valor, etcétera).

Para profundizar en este tema recomendamos los siguientes libros:

- *La quinta disciplina*, de Peter M. Senge (Granica, 1992), Capítulo 10.

- *Metamanagement*, de Fredy Kofman (Granica, 2001), Capítulo 5.

Comunicación – Optimismo y pesimismo

	PAUTAS EXPLICATIVAS
Eventos favorables y desfavorables	Permanencia
	Amplitud
	Personalización

El *Diccionario de la Real Academia Española* contiene las siguientes definiciones (en ambos casos se trata de la primera acepción):

- *Optimismo*: propensión a juzgar las cosas en su aspecto más favorable.

- *Pesimismo*: propensión a juzgar las cosas en su aspecto más desfavorable.

En este módulo nos limitamos a ciertos aspectos de la inclinación que tienen ciertas personas a ser optimistas o pesimistas, los cuales tienen que ver con la comunicación. Para ello nos basamos en la obra *Aprenda optimismo,* de Martín E.P. Seligman (De Bolsillo, 2004).

Seligman sostiene que los optimistas y los pesimistas, frente a eventos por una parte favorables y por otra parte desfavorables, adoptan distintas pautas explicativas, en cuanto a las dimensiones siguientes:

- Permanencia: si la situación es permanente o transitoria.

- Amplitud: si el efecto del evento es total o parcial.

- Personalización: cuál es la relación entre el evento y el sujeto.

La permanencia se refiere al tiempo; la amplitud, al alcance. Frente a un evento desfavorable, el pesimista tiende a pensar, y consecuentemente a comunicar, que es para siempre (permanencia) y que es totalmente abarcativo o universal (amplitud). Por el contrario, el optimista tiende a pensar que es transitorio o circunstancial y que sólo lo afecta en aspectos específicos (al mismo tiempo, puede ver otras cosas buenas).

En materia de personalización, corresponde hacer una distinción entre el pasado y el futuro. Con referencia al pasado, el pesimista tiende a dar una explicación interna, a sentirse culpable, lo cual suele indicar una autoestima baja. Por el contrario, el optimista tiende a dar una explicación externa, a echarle la culpa a factores ajenos a él, conservando su autoestima. En cambio, de cara al futuro, el pesimista tiende a sentirse indefenso, mientras que el optimista tiende a sentirse más protagonista, a confiar en que puede hacer algo para cambiar la situación si se torna complicada.

En síntesis, frente a eventos desfavorables el pesimista piensa: "es para siempre", "todo está mal" y "no puedo hacer nada". Generalmente es preferible no discutir con él sobre aquello específico que ve negativo (bien puede estar acertado). Es mejor cuestionarle sus pautas explicativas: *¿es para siempre?*, *¿todo está mal?* y *¿qué puedes hacer al respecto?*

Con relación a los eventos favorables, ambos proceden de manera inversa a la indicada precedentemente: el optimista piensa que es permanente, que es universal y que se lo merece; y el pesimista piensa lo contrario.

Cabe destacar que Seligman, merced a sus trabajos de investigación, reconoce que el optimista se puede equivocar más en los diagnósticos que el pesimista; que tiene el peligro de no considerar los riesgos y no tomar los recaudos necesarios. Sin embargo, sostiene que el optimista dispone de mayor probabilidad de éxito en la vida que el pesimista, porque se siente protagonista, persevera más, contagia a los demás, etcétera. Además, Seligman señala que el optimista goza de mejor predisposición para la salud que el pesimista: en general, el primero tiende a enfermarse menos, a recuperarse más rápido de enfermedades comunes y a vivir más tiempo. Los pesimistas se deprimen con más frecuencia y más profundamente que los optimistas.

Las actitudes optimista y pesimista están relacionadas con las interacciones positivas y negativas, como así también con la indagación apreciativa, temas que tratamos en sendos módulos por separado.

M 17 - pág. 62
M 16 - pág. 60

Comunicación – Proceso – Dinámica

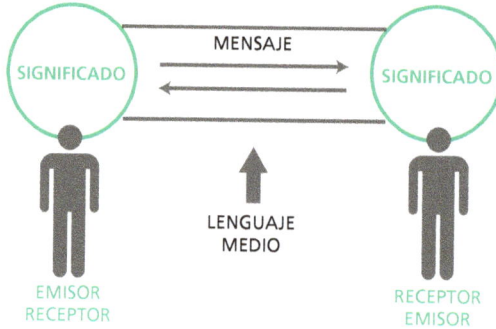

El proceso de comunicación se da en el marco de las relaciones interpersonales y del contexto. Incluye el mensaje, que tiene un emisor y un receptor. El mensaje requiere un lenguaje y un medio, y puede tener interferencias. Pero lo que interesa, en última instancia, es lo que ese mensaje significa por un lado para el emisor y por otro lado para el receptor. Y aquí podemos establecer un concepto: en principio, la calidad de la comunicación depende, entre otros factores, del grado de acercamiento entre ambos significados.

Los significados surgen del mensaje, con su lenguaje, sus medios y sus interferencias. Sin embargo, también son una función, y en gran medida, del contexto y de los respectivos marcos mentales del emisor y del receptor.

M 10 - pág. 50 ◀••

Cuando hablamos del significado de un mensaje es importante tener en cuenta que en el receptor juegan aspectos como el grado de atención que le presta, qué percibe y qué no del mensaje, cómo lo percibe y lo interpreta, qué opiniones le genera, etcétera.

El mensaje se plasma en lo que se dice, pero está condicionado por:

- El porqué (la causa, por ejemplo una reacción emocional).
- El para qué (la intención).
- El cómo (las mismas palabras se pueden emplear en forma amable o agresiva).
- El cuánto (puede ser demasiado largo o repetitivo, o bien demasiado corto o insuficiente).
- El cuándo (puede ser oportuno o no).
- El dónde (puede ser adecuado o no).
- Frente a quién (la presencia de terceros puede ser positiva o negativa).

Con respecto al lenguaje, corresponde distinguir:

- El verbal, basado en la palabra, tanto la hablada como la escrita. Aquí juegan los distintos idiomas. Pero en el empleo del lenguaje cabe identificar una estructura común, más allá de los idiomas, que analizamos en el módulo COMUNICACIÓN – ACTOS DEL HABLA .

•• ▶   M 01 - pág. 30

- El simbólico, que utiliza símbolos o signos distintos de la palabra.

- El corporal, que incluye cualquier expresión que se realiza con el cuerpo; o sea, gestos, posturas, movimientos de brazos, manos y dedos, etcétera. Este tipo de lenguaje puede sustituir, apoyar u oponerse a la palabra y puede sumar o restar credibilidad al emisor. Además, se utiliza para captar la atención de quien está escuchando y facilita el acercamiento de significados entre emisor y receptor.

Siguiendo con los medios, ellos también afectan el significado, debido a la diversidad de preferencias y capacidades que tienen las personas para emplear uno u otro. Por ejemplo, alguien extravertido y flexible puede que se sienta más a gusto con un intercambio presencial y verbal, en tanto que un introvertido y estructurado tal vez esté más dispuesto a prestarle atención a un mensaje por escrito, al menos en una etapa inicial de la comunicación. Aquí nuevamente juegan las características personales.

No es necesario que abundemos en materia de interferencias: ruidos molestos, interrupciones, intervenciones improcedentes de terceros, problemas en el funcionamiento de los medios, etcétera. Tal vez se justifique señalar que los avances en la tecnología de la información, por supuesto muy beneficiosos, también han permitido ciertas prácticas que atentan contra la calidad de la comunicación: abuso de contestadores telefónicos automáticos, interrupciones indebidas causadas por los teléfonos celulares, empleo ineficiente del correo electrónico, etcétera.

En cuanto a la influencia del contexto, basta con recurrir a un simple ejemplo ilustrativo. Supongamos que en la calle se le acerca un desconocido y le pregunta por una dirección. No es lo mismo que ocurra:

- Al mediodía, en el centro de la ciudad, lleno de gente.

- A la madrugada, justo cuando va a entrar en su casa, en un entorno solitario.

Ahora llegamos a un factor neurálgico del significado: el marco mental de cada uno. Ejemplos:

•• ▶   M 18 - pág. 64

- El receptor, por su visión de la historia de la relación, supone una intención distinta de la del emisor.

- Culturas diferentes hacen que una misma manera de comunicarse sea percibida como normal para unos y agresiva para otros.

- Un receptor impaciente (rasgo personal) percibe un mensaje como demasiado largo y tedioso, y por ello deja de prestarle atención, en tanto que el emisor lo considera perfectamente adecuado.

Comunicación – Proceso – Elementos

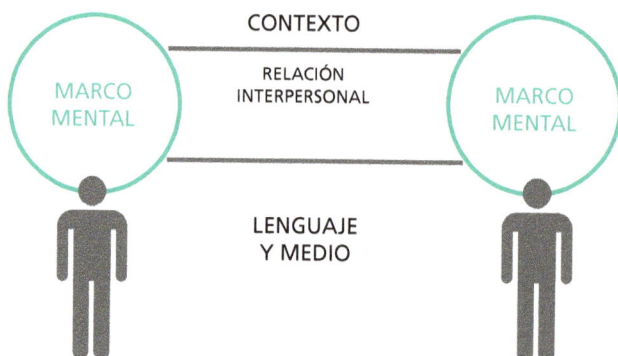

El proceso de comunicación contiene:

- Los factores que intervienen.

- La dinámica del proceso en sí.

- El efecto.

Los factores que intervienen en el proceso comprenden:

M 18 - pág. 64 ◀ • •
- Las personas que participan y sus respectivos marcos mentales .

M 23 - pág. 72 ◀ • •
- La relación existente entre dichas personas.

- Los recursos comunes que emplean para comunicarse: el lenguaje y el medio.

M 22 - pág. 71 ◀ • •
- El contexto.

M 20 - pág. 68 ◀ • •
En la dinámica del proceso, las personas que participan envían mensajes, lo que implica la adopción alternativa de roles: emisor y receptor. Y los mensajes tienen un significado: por un lado para el emisor, y por otro, para el receptor.

M 09 - pág. 48 ◀ • •
El efecto de la comunicación puede incluir, entre otras consecuencias, la acción ulterior que dispara la comunicación. Por ejemplo, el jefe le pide algo a un colaborador (proceso de comunicación) y más tarde éste ejecuta el pedido (acción ulterior).

Comunicación – Relación de la persona con el contexto

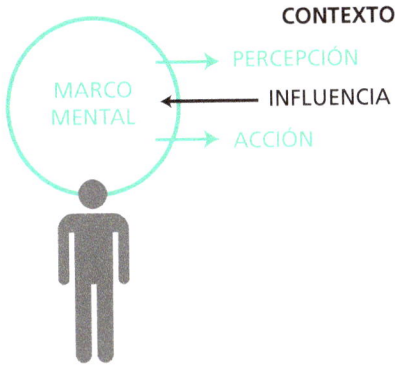

CONTEXTO

MARCO MENTAL

PERCEPCIÓN
INFLUENCIA
ACCIÓN

Entre la persona y el contexto existen tres relaciones fundamentales:

1. La persona percibe al contexto por medio de sus sentidos. De esta manera, adquiere información acerca del mundo exterior y a partir de eso desata pensamientos y sentimientos. Pero tal percepción y los procesos ulteriores están enormemente condicionados, en principio por sus propios mecanismos sensoriales, y sobre todo por la influencia de su marco mental. Este marco no sólo afecta las imágenes, interpretaciones y juicios, sino que desde el principio selecciona qué se percibe y qué no. De manera que la persona nunca aprehende el mundo exterior, sino que sólo puede formarse una representación de éste dentro de su mundo interior.

••▶ M 18 - pág. 64

2. El contexto influye sobre la persona. Éste es un fenómeno evidente y abrumador que no requiere mayor comentario.

3. Al mismo tiempo, la persona influye sobre el contexto, principalmente a través de la acción.

Comunicación – Relación interpersonal

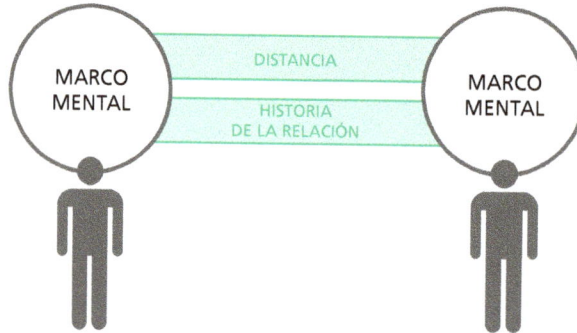

La comunicación es una actividad dentro de la relación existente entre las personas que intervienen en el proceso. Las relaciones interpersonales existen aunque en el momento no ocurra un proceso de comunicación.

En la relación entre dos o más personas juegan dos factores cruciales:

M 18 - pág. 64   ◀••

1. La vinculación entre los respectivos marcos mentales.

2. La historia de la relación entre ellas.

En cuanto al primer factor, debe considerarse la distancia o cercanía que existe entre los marcos mentales. Por ejemplo, piénsese en la relación entre estos dos personajes:

- Un estadounidense, conservador en política, liberal en lo social, de derecha en economía y agnóstico en materia de religión; y que perdió un ser muy querido durante el ataque a las Torres Gemelas del 11 de septiembre de 2001.

- Un musulmán, adherido estrictamente al fundamentalismo y al integrismo, y además resentido, por razones históricas, con los occidentales en general y con los estadounidenses en particular.

Claro está que la comprensión de cualquiera de las partes puede allanar la distancia entre los marcos mentales. Pero, en general, cuanto mayor es la distancia, más difícil es la comprensión mutua.

La historia de la relación también suele tener gran influencia. Los comportamientos de un lado y las percepciones del otro tienden a definir los posicionamientos respectivos, favorables o desfavorables, que luego condicionan poderosamente comunicaciones ulteriores. Esto incluye tres factores primordiales: la confianza, el respeto y la cordialidad.

Confiar implica "ponerse en manos del otro", en mayor o menor grado. En materia de comunicación, significa tener confianza no sólo en la información que se recibe, sino también en el uso adecuado que el otro habrá de hacer de la información que se le proporciona. La confianza es la puerta de la sinceridad.

El respeto entraña el reconocimiento de las habilidades del otro y su motivación, la aceptación de su estilo y de sus valores, etcétera.

Ser cordial significa ser amable, afectuoso, atento, cortés, agradable, etcétera.; así como no agresivo, no tosco, no mordaz, no insultante, etcétera.

La confianza, el respeto y la cordialidad pueden estar sustentados en opiniones o sentimientos muy diversos respecto de la otra persona.

- Positivos: amor, amistad, compañerismo, admiración, valoración de virtudes, etcétera.

- Negativos: odio, enemistad, competencia malsana, envidia, descalificación, etcétera.

Todo ello depende de la historia de la relación y del contexto o mundo exterior. Pero también depende de las condiciones circunstanciales y de las características personales de los actores que integran sus respectivos marcos mentales. Por ejemplo:

- La inseguridad de una persona (tiene que ver con la estabilidad emocional) tiende a limitar su capacidad para confiar en los demás.

- Una persona perfeccionista, organizada y autodisciplinada puede sentir poco respeto por otra que sea tolerante con el desorden, condescendiente y flexible.

- Que alguien sea afable (rasgo de personalidad) implica que posee disposición favorable para ser cordial, con independencia de su interlocutor específico.

Comunicación – *Seis sombreros para pensar*, de De Bono

Blanco (dar información/pedir o buscar información)
Rojo (expresión de emociones y sentimientos)
Negro (juicio negativo)
Amarillo (juicio positivo)
Verde (propuesta de una idea/alternativa)
Azul (propuesta acerca del manejo del proceso)

En *Seis sombreros para pensar* (Granica, 1988) Edward De Bono distingue seis tipos de pensamiento y propone asignar un sombrero de distinto color a cada uno, de manera que esa identificación ayude a ordenarlos y facilite la comunicación entre las personas. En los siguientes párrafos hacemos un resumen basado en el libro citado, tratando de ser fieles a sus conceptos.

1. El *sombrero blanco* se asocia con una computadora que da hechos y cifras. La persona se pone el sombrero blanco para buscar, obtener o dar información. El blanco (ausencia de color) indica neutralidad.

2. El *sombrero rojo* permite que una persona exprese sus emociones y sentimientos, prescindiendo de su justificación o de su fundamento lógico. Esto incluye presentimientos, intuiciones, sensaciones, preferencias, sentimientos estéticos y otros tipos de manifestaciones que no tienen por qué ser justificables de manera racional.

3. El *sombrero negro* se ocupa específicamente del juicio negativo. Señala que algo es incorrecto o erróneo, que no se acomoda a la experiencia o al conocimiento aceptado, que no va a funcionar, que entraña riesgos y peligros, que traerá malas consecuencias, etcétera, y explica las razones de ello. El pensamiento de sombrero negro puede hacer también preguntas negativas.

4. El *sombrero amarillo* corresponde a la evaluación positiva o constructiva; va desde el aspecto lógico y práctico hasta los sueños, visiones y esperanzas. Indaga y explora en busca de valor y beneficio. Trata de aprovechar las oportunidades. El color amarillo simboliza el brillo del sol, la luminosidad y el optimismo.

5. El *sombrero verde* es para el pensamiento creativo. Implica la búsqueda de alternativas. Responde a la necesidad de ir más allá de lo conocido, lo obvio y lo satisfactorio. En el pensamiento de sombrero verde, el lenguaje del movimiento reemplaza al del juicio. El pensador procura avanzar desde una idea para alcanzar otra nueva. Y todo ello, sin necesidad de dar razones. El color verde es símbolo de la fertilidad, el crecimiento y el valor de las semillas.

6. El *sombrero azul* es el del control. El pensamiento de sombrero azul organiza el pensamiento mismo. Es el que propone o llama al uso de los otros sentidos. Es responsable de la síntesis, la visión global y las conclusiones. Supervisa el pensamiento y asegura el respeto de las reglas de juego.

Esta clasificación de tipos de pensamiento y de su identificación con los respectivos sombreros de color ofrece varias ventajas significativas:

1. Ordena el pensamiento.

2. Brinda una visión integral del pensamiento tendiente a evitar que los procesos se circunscriban o concentren demasiado en un determinado tipo de pensamiento; por ejemplo, en el juicio negativo, a expensas de la creatividad o del juicio positivo.

3. Mejora la comunicación. Esto se logra a través de la siguiente convención. Cualquier persona puede indicar qué sombrero está usando en ese momento, para facilitar la comprensión de los demás y evitar discusiones improcedentes. Por ejemplo, si alguien dice: "me pongo el sombrero rojo y digo que…", en principio, los demás ya están advertidos como para darle a la declaración el alcance que se merece y no embarcarse en argumentaciones lógicas. Asimismo, cualquier persona puede pedirle a otra que se ponga un sombrero determinado. Esto puede relacionarse con la ventaja indicada en el párrafo precedente, pues la invocación de un sombrero es un buen recurso para modificar una tendencia perniciosa. Por ejemplo, decir algo así como: "Has estado demasiado tiempo empleando el sombrero negro, ¿por qué no utilizas un poco el amarillo?".

En sustancia, la propuesta de De Bono tiene bastante en común con la clasificación de los actos del habla referida en el módulo respectivo. El cuadro siguiente trata de ilustrar esta relación. M 01 - pág. 30

Los seis sombreros de De Bono		Actos del habla
Blanco	Dar información	Informativo – Observación
	Pedir o buscar información	Proactivo – Pedido (de una acción del otro) u oferta (de una acción de ambos)
Rojo (expresión de emociones y sentimientos)		Expresivo
Negro (juicio negativo)		Informativo – Opinión
Amarillo (juicio positivo)		
Verde (propuesta de una idea / alternativa)		Proactivo – Oferta (de considerar la idea)
Azul (propuesta acerca del manejo del proceso)		Proactivo – Oferta (de cumplir con la propuesta)

Comunicación – Teoría expuesta y en uso

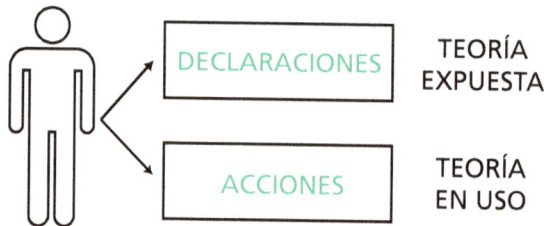

Chris Argyris y Donald Schön (*Theory in Practice*, Jossey-Bass, 1974) destacan que las personas suelen tener dos teorías distintas en cuanto al fundamento de sus acciones: la expuesta y la que está en uso. La primera es la que declaran; la segunda es la que aplican realmente en sus acciones. Por ejemplo, un jefe expresa que desea la participación de sus colaboradores, pero adopta con frecuencia frecuentemente comportamientos dominantes.

M 38 - pág. 104 ◀••
Dicha distinción se relaciona con los modelos I y II señalados por los mismos autores, tratados en el módulo respectivo. Ellos sostienen que es común que alguien se manifieste partidario del Modelo II (teoría expuesta), pero que su conducta responda al Modelo I (teoría en uso).

M 26 - pág. 77 ◀••
M 03 - pág. 36 ◀••
A veces el propio sujeto no tiene conciencia plena de su incongruencia. En términos de la "ventana de Johari", podría tratarse de la ventana "ciega": él no lo sabe ("se la cree"), pero los demás se dan cuenta. De todos modos, la situación implica barreras defensivas, con las consecuencias que mencionamos en el módulo respectivo.

La brecha entre la teoría expuesta y la teoría en uso ocurre también a nivel organizacional, especialmente con respecto a la diferencia entre los valores declarados y la cultura real de la organización.

Tanto el desarrollo personal como el organizacional suelen implicar el reconocimiento de que se está empleando el Modelo I (teoría en uso) como condición previa para moverse realmente al Modelo II (por ahora, teoría expuesta). Éste puede ser un proceso bastante difícil, cuando no imposible.

Para profundizar en el tema, recomendamos los siguientes libros:

- *La quinta disciplina*, de Peter M. Senge (Granica, 1992), Capítulo 6.
- *Conocimiento para la acción*, de Chris Argyris (Granica, 1999), Capítulo 2.
- *Metamanagement*, de Fredy Kofman (Granica, 2001), Capítulo 7.

Comunicación – Ventana de Johari

		Mi conocimiento acerca de mí	
		Yo sé	Yo no sé
Conocimiento del otro acerca de mí	Él sabe	1	2
	Él no sabe	3	4

La "ventana de Johari", denominada así en honor a sus dos autores, Joseph Luft y Harry Ingham, plantea lo siguiente. En cuanto al conocimiento existente acerca de una persona dada, cabe distinguir su autoconocimiento del que puede tener otra persona relacionada. Si identificamos convencionalmente a los "conocedores" como "yo" y "el otro", cabe plantear el campo de posibilidades que se representa en el gráfico, que constituye una matriz que comprende cuatro cuadrantes, áreas o ventanas:

1. La "abierta", correspondiente a lo que ambos sabemos acerca de mí (mis pensamientos, sentimientos y acciones).

2. La "ciega", correspondiente a lo que él sabe pero yo no sé acerca de mí.

3. La "privada" u "oculta", correspondiente a lo que yo sé pero él no sabe acerca de mí.

4. La "desconocida", correspondiente a lo que ninguno de los dos sabemos acerca de mí.

El incremento de la ventana abierta favorece la comunicación, refuerza la relación interpersonal y desarrolla el autoconocimiento que ayuda al cambio personal positivo. Para lograrlo hay dos medios propicios:

- El feedback que el otro puede brindarle a uno, que aumenta la ventana abierta a expensas de la ciega. M 13 - pág. 55

- La revelación que uno puede hacer al otro, que aumenta la ventana abierta a expensas de la privada.

Las barreras defensivas atentan contra la retroalimentación y la revelación. Ésta es una razón más para tratar de reducirlas. M 03 - pág. 36

Entre el feedback y la revelación existe una influencia recíproca. La apertura que implica la revelación predispone al interlocutor a brindar feedback, y viceversa, el

M 26

feedback abre puertas a la revelación. A su vez, el ejercicio de estos procesos con respecto al conocimiento acerca de una persona, invita a duplicarlo con relación a la otra persona, invirtiendo los roles. Vale decir que puede darse un círculo virtuoso entre ambos procesos y entre las dos personas.

Con respecto a un grupo, puede reemplazarse el eje del "conocimiento del otro acerca de mí" por "conocimiento de los demás acerca de mí". Entonces puede enfocarse el feedback y la revelación como medios para incrementar la ventana abierta de todos, favoreciendo su integración y el aprendizaje en equipo.

M 63 - pág. 160 ◀••

Participación – Aporte e influencia

Potencial   Realizado   Efectivo = INFLUENCIA

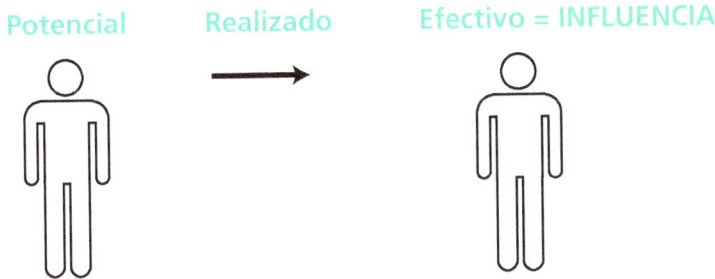

Que una persona participe en un proceso de resolución de problemas y toma de decisiones (RP/TD) significa que brinda su aporte (información, ideas, opiniones, etcétera) basado en sus conocimientos y experiencia. Dado un proceso de RP/TD, es normal que más de una persona esté en condiciones de llevarlo adelante. El aporte puede alcanzar a todo el proceso, o bien puede limitarse a una o algunas de sus etapas o pasos.

M 58 - pág. 150

Para analizar debidamente una contribución, conviene no perder de vista tres diferentes conceptos:

- El aporte "potencial" que la persona podría llegar a brindar.

- El aporte "realizado" durante el proceso.

- El aporte "efectivo", que es el verdaderamente tenido en cuenta por el resto de los participantes a los fines de la toma de decisiones. A este aporte efectivo podemos denominarlo "influencia".

Es evidente que lo que importa en última instancia es el aporte efectivo o influencia. Tanto el aporte potencial como el realizado interesan, claro está, pero más bien a título de antecedente.

La cantidad y la calidad de la participación radican entonces en la influencia de los participantes en el proceso de RP/TD. Por lo tanto, es clave el comportamiento que adopte cualquier participante en cuanto al espacio que otorga a la influencia de todos, ya sea la propia como la de los demás.

El comportamiento de alguien en materia de participación comprende dos dimensiones:

- La influencia que ejerce personalmente.

- La influencia que deja ejercer a los demás.

M 27

Para simplificar la exposición, denominaremos "el sujeto" a aquel cuyo comportamiento estamos examinando y "los demás" al otro u otros participantes (actuales o potenciales). Cabe aclarar que no necesariamente el sujeto es el jefe, y el otro o los demás, sus colaboradores. El esquema es aplicable a cualquier clase de relación.

Si el sujeto busca maximizar la influencia de los demás, debe perseguir lo siguiente:

1. En una etapa previa, favorecer la capacitación y motivación de los demás, a fin de ampliar su aporte potencial.

2. Durante el proceso, promover la participación de los demás (creando un clima favorable, preguntando, explorando sus ideas, etcétera), a fin de que el aporte potencial de ellos se convierta en aporte realizado.

3. En el momento de la participación de los demás, escuchar activamente, verificar entendimientos e interpretar y comprender el aporte realizado, de manera que se traduzca en aporte efectivo; o sea, en verdadera influencia.

M 33 - pág. 94 ◀••

Estos tres objetivos son especialmente importantes respecto del jefe, en cuanto a la relación con sus colaboradores, o del conductor de una reunión, en cuanto al tratamiento de los demás participantes.

Nótese algo muy importante: los requisitos para que el sujeto aumente la influencia de los demás no atentan de por sí contra la posibilidad de que el sujeto incremente su propia influencia. Sin embargo, muchas personas se basan en la hipótesis de que en un proceso de relación interpersonal existe una especie de magnitud predeterminada de influencia total a distribuir entre las partes. De esta manera, suponiendo que tal influencia total es igual a 100, si el sujeto concede 60 de influencia a los demás, él se queda forzosamente con 40. Este supuesto es erróneo. Las investigaciones demuestran que la magnitud total de influencia puede aumentar casi indefinidamente. Cuando el sujeto demuestra una disposición real a ser influido por los demás, a menudo crea en ellos una mayor disposición a dejarse influir por él. El error en este sentido ha llevado a muchos gerentes a emplear un estilo autoritario, con la idea de no perder su propia influencia. Por otra parte, basados en esa misma hipótesis, otros gerentes han adoptado un estilo "blando" o "condescendiente", en su afán de lograr la máxima colaboración de su gente. En ambos casos, se aplica un estilo inadecuado. No se trata de acaparar o ceder influencia, sino de crear las condiciones que permitan maximizar la influencia de todos, para producir los mejores resultados.

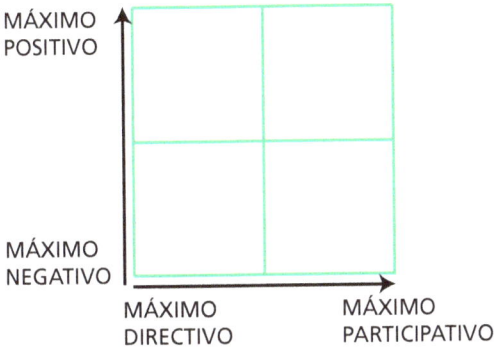

Primero de todo, corresponde establecer la distinción entre comportamiento y estilo:

1. El comportamiento se refiere a la conducta puntual de una persona en una situación determinada.

2. El estilo constituye la tendencia general de la persona a comportarse de cierta manera, a repetir patrones de conducta, más allá de condicionamientos situacionales.

Una persona puede ejercer cierto comportamiento a raíz de las circunstancias, sin que ello corresponda a su estilo; y puede tener un estilo definido, pero en diversas ocasiones adoptar distintos comportamientos que no responden a ese estilo.

Cabe plantear la cuestión de participativo o directivo, por una parte, respecto del comportamiento, y por otra parte, respecto del estilo. Son dos cuestiones distintas aunque mutuamente vinculadas.

En los párrafos siguientes primero haremos una descripción de los comportamientos participativo y directivo. Luego evaluaremos la conveniencia de uno y otro. Y finalmente incursionaremos en el estilo, tanto en lo descriptivo como en lo evaluativo.

Descripción de comportamientos

Dado un sujeto responsable de una decisión y de un grupo de personas que pueden participar o no en la decisión, en cuanto al comportamiento del sujeto en el proceso de toma de decisiones cabe la alternativa de directivo o participativo, en mayor o menor grado. El sujeto puede ser un gerente y el grupo en cuestión, sus colaboradores directos. Pero el planteo es aplicable a otros tipos de sujetos y a otros posibles participantes. M 27 - pág. 79

A continuación, trataremos de aclarar los conceptos de directivo y participativo. Pero antes es necesario destacar que no implican una simple opción polarizada del tipo "blanco o negro", sino que entrañan un continuo que va desde el extremo más

M 28

directivo al otro más participativo, con cualquier cantidad de puntos intermedios. El extremo directivo se da cuando el sujeto no participa al grupo en parte alguna del proceso decisorio, sino que se limita a comunicarle la decisión tomada. Y el extremo participativo ocurre cuando el grupo interviene plenamente a lo largo de todo el proceso decisorio y la decisión se toma por consenso. Los puntos intermedios pueden ubicarse en función de lo siguiente:

1. Con relación a las etapas del proceso, caben muchas opciones que van desde participar en una sola etapa (o en un segmento de ella) hasta hacerlo en todas las etapas.

2. En cualquier etapa o segmento del proceso, la cuestión no se limita a si participar o no, ya que el sujeto dispone de una gama de comportamientos: ordenar/dirigir, persuadir, consultar (pero el sujeto toma la decisión) o buscar consenso; o bien delegar, que va más allá de participar.

3. Además, el grado de participación depende no sólo de los comportamientos específicos del sujeto durante el proceso decisorio, sino también de la predisposición a participar de los demás. Y aquí juegan diversos factores, uno de los cuales (habitualmente muy influyente) es el comportamiento previo del propio sujeto en cuanto a crear un marco favorable o desfavorable para la participación.

Aclaramos que en este planteo, que pretende ser descriptivo y no evaluativo, preferimos usar la palabra "directivo" porque suena más neutral que "autocrático" o "autoritario", que parecen tener un tono peyorativo.

Evaluación de comportamientos

Hoy en día, una fuerte corriente de pensamiento identifica participativo con positivo y directivo con negativo. La identificación como positivo o negativo puede basarse en distintas pautas de evaluación: si el comportamiento es eficaz, si responde a determinados valores, etcétera. Particularmente, cuando la pauta de evaluación es la vigencia de ciertos valores, la identificación señalada se sustenta en que la participación constituye *per se* un valor fundamental.

Es evidente que al menos cierto tipo de situaciones justifica un comportamiento directivo, en cualquier contexto: en el deporte, en la familia, en la escuela, en la cárcel, en la empresa, etcétera. Lo que sí puede estar en discusión es la clase de situaciones que ameritan un comportamiento u otro.

A continuación, tratamos de fundamentar dicho enfoque situacional con respecto a la participación.

I. Corresponde identificar cuáles son los atributos a tomar en cuenta para evaluar la calidad de un proceso de toma de decisiones, a saber:

1. La eficacia de la decisión. Vale decir, que conduzca al logro de los objetivos que atañen al planteo del problema en cuestión.

2. La motivación y el compromiso de los participantes en cuanto a colaborar efectivamente con la implementación de la decisión.

3. La eficiencia del proceso. Mientras que la eficacia se refiere al producto del proceso, la eficiencia versa sobre la relación insumo-producto. Se persigue la eficacia, pero al menor costo posible. En este orden, un insumo crítico es el tiempo de los participantes.

4. El aprendizaje de los participantes a lo largo del proceso. ••▶ M 62 - pág. 159

5. Los efectos trascendentes del proceso sobre la situación de los afectados en materia de motivación, satisfacción, confianza, cooperación, etcétera. ••▶ M 09 - pág. 48

II. Es razonable examinar en términos generales las ventajas y desventajas o limitaciones de la participación frente a dichos atributos (nótese la correlación entre la numeración de los atributos y la de los párrafos siguientes).

1. La participación de la gente entraña aumentar la cantidad de aportes. Y, en principio, cabe inferir que partiendo de una mayor cantidad de aportes se estará en mejores condiciones para tomar las decisiones más eficaces. Además, la interacción de los participantes permite la sinergia. Éste es el fenómeno por el cual la influencia mutua genera nuevos aportes que los participantes no estaban en condiciones de ofrecer originalmente. Por ejemplo, dos personas pueden tener sendas ideas distintas para resolver un problema, pero la discusión entre ellas las lleva a concebir conjuntamente una tercera idea superior a las de inicio. ••▶ M 27 - pág. 79

2. La participación activa de la gente en el proceso que lleva a una decisión tiende a desarrollar su motivación favorable y el compromiso de colaborar efectivamente en la implementación de la decisión. Esto es crítico cuando la decisión implica un cambio significativo en la situación de la gente y es probable que ésta ofrezca resistencia al cambio.

3. Cuanto más participativo es el proceso de toma de decisiones, más tiende a consumir tiempo. Sin embargo, es posible que la falta de participación origine problemas de implementación, y que éstos ocasionen pérdidas de tiempo posteriores.

4. La participación de la gente es una forma de aprendizaje "en el terreno". La cuestión aquí es el costo de oportunidad, teniendo en cuenta el factor tiempo y las alternativas de aprendizaje. ••▶ M 62 - pág. 159

5. En principio, la participación de la gente permite un desarrollo de la motivación, la satisfacción, la confianza, la cooperación, etcétera. Y una mejora en estos factores favorece a su vez la participación. De manera que se produce un efecto sinérgico. No obstante, esto puede tener sus limitaciones y, así como cabe el mencionado efecto sinérgico, también puede llegar a darse lo contrario: un círculo vicioso en donde una participación inadecuada ocasione desmotivación, insatisfacción, pérdida de confianza, etcétera.

En resumen, la conveniencia de un comportamiento participativo o directivo depende de la situación. Por lo tanto, la calificación de positivo o negativo no debe superponerse con el continuo de participativo-directivo, sino que constituye otra dimensión, otro eje. Sin embargo, cabe concluir que la participación es aconsejable en muchas situaciones, aunque no en todas.

Estilos participativo y directivo

El estilo participativo y el directivo se dan cuando la persona tiene una inclinación general a ejercer comportamientos participativos o directivos, respectivamente. La conclusión de la sección precedente en materia de evaluación de comportamientos induce a pensar que, en general, el estilo participativo es preferible al directivo. No obstante, cabe argumentar que un estilo directivo puede ser conveniente en ciertos contextos, en donde las situaciones justifican comportamientos directivos en forma preponderante, y se supone que la persona que posee un estilo directivo dispone del perfil más apropiado para ello. Sin embargo, en el mundo actual este concepto tendría una aplicación bastante limitada, amén del riesgo de abuso. Entonces, en materia de estilo la balanza se inclina claramente en favor del participativo.

Participación entre el gerente y sus colaboradores

M 29

⏪
Módulo antecedente
33

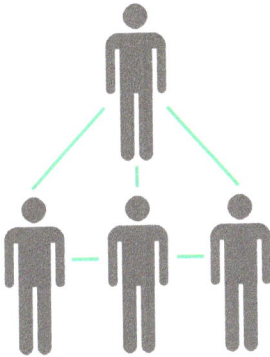

En el módulo PARTICIPACIÓN – GERENTE Y COLABORADORES definimos convencionalmente estos tres conceptos, lo cual sirve de marco a este módulo, en donde hacemos algunas observaciones generales acerca de la participación entre un gerente y sus colaboradores, destacando aquellas condiciones que consideramos más importantes para que sea verdaderamente efectiva. Si las condiciones que proponemos no se dan, la participación es peligrosa; es posible que "el remedio sea peor que la enfermedad". Con esto no pretendemos desmerecer los beneficios de la participación, en absoluto. Muy por el contrario, pensamos que la mejor manera de valorizar la participación es encararla en serio; lo cual implica tomar bien en cuenta dichas condiciones. Aquí no hay lugar para la ingenuidad.

En nuestras observaciones prestaremos atención a los respectivos roles del gerente y de sus colaboradores. Sin embargo, muchos de los conceptos son aplicables a relaciones en donde no juegan estos roles.

El proceso participativo de toma de decisiones es un fuerte consumidor de tiempo. Por lo tanto, es clave que el gerente distinga los problemas que justifican un enfoque participativo de los que no lo justifican (principio de selección de la participación). Y que sus colaboradores reconozcan tal distinción y tengan confianza en el gerente, no pretendiendo que él los haga participar en todo.

Una manera efectiva de implementar dicho principio de selección puede ser la siguiente: las dos partes discuten abiertamente la cuestión, tratando de llegar a un acuerdo acerca de los temas en los que la participación es prioritaria. Algo así como "participar acerca de la participación". En esta discusión es conveniente tener bien en claro los cinco atributos indicados en el módulo PARTICIPACIÓN – COMPORTAMIENTOS Y ESTILOS – PARTICIPATIVO Y DIRECTIVO: eficacia, compromiso, eficiencia, aprendizaje y efectos trascendentes. Y para cada uno de estos atributos profundizar, atendiendo a la situación particular del grupo, las ventajas y desventajas o limitaciones de la participación. El producto de la discusión, además de cumplir con el objetivo buscado (selección eficiente), suele tener dos ventajas interesantes: "ayuda" al gerente a no apartarse de lo

••▶ M 28 - pág. 81

debido y "ayuda" a sus colaboradores a no quejarse de presuntas carencias de participación. Ambas "ayudas" suelen ser útiles, dadas las tendencias "naturales" de muchos gerentes y colaboradores, respectivamente.

M 58 - pág. 150 ◄••

Las limitaciones de tiempo requieren que el gerente se preocupe no sólo acerca de en qué participar, sino también de cómo hacerlo. En este sentido es aconsejable que, dado un problema, proyecte anticipadamente las etapas y aspectos de la RP/TD, a fin de concentrar la participación en donde ésta es eficiente. Esto tiende a significar una mayor estructuración del proceso. Podría pensarse que la estructuración atenta contra la libertad que demanda un proceso participativo genuino. Sin embargo, una estructuración adecuada, en cantidad y calidad, al hacer más eficiente el proceso, libera tiempo. Y esto permite un mayor "peso específico" de la participación o una expansión de su alcance, cubriendo otros problemas que la están esperando.

Por otra parte, la estructuración facilita la clarificación de las reglas de juego entre todos. El gerente puede explicitar mejor el grado de participación que espera de sus colaboradores. Aun más, puede discutirlo, tratando de llegar a un consenso al respecto. La experiencia parece indicar que los colaboradores suelen llegar a sentirse más insatisfechos por una participación ambigua que por una claramente acotada. En general, asocian la participación ambigua con la idea de que el gerente emplea procedimientos manipulativos, lo cual es causa de insatisfacción y desmotivación.

M 27 - pág. 79 ◄••

La verdadera participación implica que los colaboradores se sientan libres para formular críticas. Entonces, el gerente debe ser receptivo, y no sentirse agredido. Si él reacciona indebidamente, es difícil que ellos mantengan una actitud participativa. En consecuencia, el intento da marcha atrás. Por su parte, los colaboradores deben ejercer cierto autocontrol positivo, ser constructivos, no descargar "cualquier cosa". Lo antedicho merece especial consideración cuando se intenta un incremento significativo en el grado de participación. Es posible que los colaboradores no estén suficientemente "maduros" como para participar de manera constructiva. Y es posible también que el gerente no esté bien preparado para recibir críticas, aunque sean constructivas. Esto tiene que ver con el proceso de aprendizaje que comentamos más adelante.

M 06 - pág. 43 ◄••

La participación propiamente dicha demanda sinceridad; la sinceridad requiere confianza, y la confianza no puede desarrollarse en un ámbito de elevado nivel de conflicto. Por lo tanto, es misión fundamental del gerente inspirar confianza y manejar adecuadamente el conflicto (canalizarlo en forma positiva, reducirlo si es necesario, etcétera). Asimismo, es obligación de los colaboradores contribuir en este sentido. Pero el gerente no debe ser demasiado pretencioso con relación a la apertura de sus colaboradores. Debe admitir que ellos están en peores condiciones que él para ser abiertos, porque tienen menos control sobre ciertas variables críticas que los pueden afectar personalmente (referidas en especial al sistema de premios y castigos). Por eso es tan importante que el gerente inspire confianza. Por otra parte, cuando el conflicto es elevado puede ser preferible que el gerente adopte un comportamiento dominante. Esto para fijar límites a fin de controlar el conflicto. No se trata de renunciar a la participación sino, por el contrario, de crear las condiciones para que pueda practicarse efectivamente.

El desarrollo de la participación entraña un difícil proceso de **aprendizaje grupal** e individual, el cual requiere, por parte de todos, bastante paciencia y hasta un poco de condescendencia mutua con las imperfecciones que son inherentes a todo aprendizaje.

M 62 - pág. 159

La participación a fondo requiere del gerente una convicción firme y genuina de sus bondades, acompañada de aquellas características personales que permitan llevarla efectivamente a la práctica. Los intentos inseguros, aunque sean de buena fe, suelen ir acompañados de marchas y contramarchas. La incoherencia en este sentido puede llegar a ser más perjudicial que una línea menos participativa pero más coherente. En este orden de cosas, es muy importante que el gerente sea consciente de su estilo de liderazgo, y no se embarque ingenuamente en procesos participativos que luego no estaría en condiciones personales de continuar o sostener. Cabe destacar que, en general, la visión del gerente respecto de su estilo participativo suele ser más favorable que la percepción que de él tienen sus colaboradores.

Aun más, el gerente debe examinar no sólo su propio estilo, sino también el de su superior (el jefe del gerente). Por ejemplo, si éste es muy autoritario tenderá a restarle espacio al gerente para que ejerza un estilo participativo. Con esto no queremos decir que el gerente renuncie a tal estilo, pero sí que no pase por alto las limitaciones que puede llegar a imponer el estilo de su superior.

Participación – Contenido y proceso – Estilo del gerente

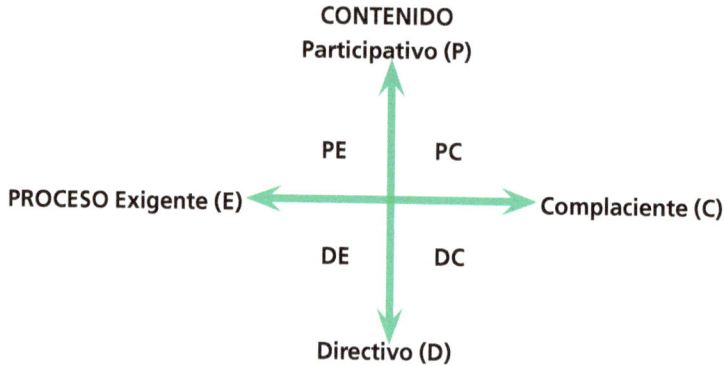

CONTENIDO
Participativo (P)

PE	PC

PROCESO Exigente (E) ◀————————▶ **Complaciente (C)**

DE	DC

Directivo (D)

Definimos convencionalmente estos tres conceptos en el módulo PARTICIPACIÓN – GERENTE Y COLABORADORES, lo cual sirve de marco para el módulo presente.

M 41 - pág. 109 ◀•• En el módulo REUNIONES – CONTENIDO Y PROCESO establecimos la diferencia entre estos dos conceptos. El contenido es el "qué", es la "carne" de la reunión. Se compone de las cuestiones que se plantean, de la información que se incorpora, de las ideas que se generan, de las evaluaciones que se formulan y de las conclusiones que se logran.

El proceso es el "cómo", es la forma en que fluye el contenido. Dentro del proceso cabe diferenciar cuatro aspectos:

1. La disciplina básica, referente a normas de conducta de los participantes cuyo cumplimiento es fácilmente verificable: respeto del horario, bloqueo de interrupciones de terceros, respeto del uso de la palabra, exclusión de diálogos paralelos, etcétera.

2. La arquitectura del proceso, acerca de cómo se va armando el contenido: orientación al objetivo, secuencia lógica, sincronización de las intervenciones, etcétera.

3. La productividad de las intervenciones individuales: eliminación de redundancias, intervenciones cortas y concretas, etcétera.

4. El clima de las relaciones interpersonales: ambiente de confianza y de respeto, cordialidad, espíritu de cooperación, manejo adecuado del conflicto, actitud receptiva, saber escuchar, etcétera.

Dada dicha diferencia entre contenido y proceso, un gerente puede ser, por un lado, participativo o directivo en el contenido y, por otro, exigente o complaciente en el proceso. Estas alternativas dan lugar a la matriz que figura en el gráfico inicial.

M 28 - pág. 81 ◀•• Un gerente puede tener un estilo PE: participativo en el contenido y exigente en el proceso. En el módulo PARTICIPACIÓN – COMPORTAMIENTOS Y ESTILOS – PARTICIPATIVO Y DIRECTIVO analizamos los factores situacionales a tomar en cuenta para definir la conveniencia o no de la participación. En cuanto al proceso, en general es preferible ser exigente, porque así se promueve la eficacia y la eficiencia, lo cual tiende a favorecer la calidad del contenido.

Un riesgo del estilo exigente en el proceso es que los colaboradores lo interpreten como directivo en el contenido. Este riesgo se puede incrementar porque los elementos que componen la disciplina básica son claramente diferenciables del contenido. En general, cabe hacer una observación acerca de cualquiera de ellos (por ejemplo: "por favor, no me interrumpas") sin hacer referencia en absoluto al contenido. En cambio, los elementos que componen los otros tres aspectos del proceso suelen estar mezclados, en mayor o menor grado, con el contenido. Es dable que una observación acerca de ellos (por ejemplo: "no te vayas por las ramas") implique cuestiones también vinculadas al contenido.

El gerente que pretenda emplear un estilo PE debe tomar en cuenta dicho riesgo y tratar que sus colaboradores tengan bien en claro la diferencia entre contenido y proceso, las ventajas de cierto rigor en cuanto al proceso, y el rol del gerente al respecto.

Una alternativa es que el gerente utilice los servicios de un "facilitador", transfiriéndole la responsabilidad de la gestión del proceso. Entonces el gerente puede participar en el contenido, en principio a la par de sus colaboradores, pero liberado de la problemática del proceso, que queda en manos del facilitador. La conveniencia de esta alternativa depende de la agenda, el clima y la cultura del grupo, y del estilo del gerente. En particular, puede ser un buen recurso para ciertos tipos de reuniones. Para profundizar al respecto, ver el módulo REUNIONES – RELACIÓN ENTRE EL FACILITADOR Y EL JEFE. M 47 · pág. 121

Participación – Disposición de los colaboradores

		MOTIVACIÓN DEL COLABORADOR	
		BAJA	ALTA
COMPETENCIA DEL COLABORADOR	ALTA	Latente	Fértil
	BAJA	Empobrecida	De sobre-entusiasmo

M 33 - pág. 94 ◀••

En el módulo PARTICIPACIÓN – GERENTE Y COLABORADORES definimos convencionalmente estos tres conceptos, lo cual sirve de marco al presente módulo.

Más allá del comportamiento del gerente, cualquier colaborador puede tener una mayor o menor disposición (*"readiness"*) a la participación. En esto juegan dos factores:

- La competencia del colaborador, que comprende los conocimientos, la capacidad intelectual y la capacidad social.

- La motivación del colaborador, que a su vez depende de múltiples factores internos (como la personalidad) y externos (como el régimen de premios y castigos de la organización).

Un factor importante de la motivación suele ser la historia de la relación entre el gerente y sus colaboradores en materia de participación. Si el gerente ha sido autoritario, poco abierto, demasiado crítico o intolerante, es posible que los colaboradores tengan baja motivación para participar.

Respecto de los mencionados factores, competencia y motivación, cabe distinguir alta o baja, respectivamente. Esto configura la matriz reflejada en el gráfico inicial, que comprende cuatro cuadrantes respecto de la disposición del colaborador.

- Empobrecida – Ocurre cuando el colaborador tiene baja tanto la competencia como la motivación. Ésta es la peor situación. Es muy difícil lograr una participación efectiva en tales condiciones.

- Fértil – Es el extremo opuesto del caso anterior. El colaborador posee un nivel alto en ambos factores: la competencia y la motivación. Desde el punto de vista de las condiciones del colaborador, es la situación ideal.

- De Sobre-entusiasmo – Sucede cuando el colaborador detenta alta motivación pero baja competencia. Sus ganas exceden su capacidad.

- Latente – Se da cuando el colaborador dispone de alta competencia pero baja motivación.

En términos estrictos, sólo la disposición fértil constituye una situación favorable. La disposición es desfavorable, en mayor o menor grado, no sólo en la situación de empobrecido, sino también en las de sobre-entusiasmo y latente. Porque la carencia en cualquiera de los dos factores, tanto la competencia como la motivación, atenta significativamente contra las condiciones necesarias para una participación adecuada.

En el caso de baja competencia, le cabe al gerente invertir en la capacitación y otros medios tendientes a que el colaborador la desarrolle. En el de la baja motivación, el gerente debe explorar las causas y tratar de removerlas. En ambos casos, el objetivo es lograr en el futuro la disposición fértil.

Participación – Encaje entre el gerente y sus colaboradores

⏪
Módulo
antecedente
33

		DISPOSICIÓN DEL COLABORADOR	
		DESFAVORABLE	FAVORABLE
ESTILO DEL GERENTE	PARTICIPATIVO	Saturación	Enriquecimiento
	DIRECTIVO	Equilibrio limitado	Desaprovechamiento

M 33 - pág. 94 ⏪••
M 28 - pág. 81 ⏪••
En el módulo PARTICIPACIÓN – GERENTE Y COLABORADORES definimos convencio-nalmente estos tres conceptos, lo cual sirve de marco al presente módulo. En PARTI-CIPACIÓN – COMPORTAMIENTOS Y ESTILO DEL GERENTE y PARTICIPACIÓN – DISPO-SICIÓN DE LOS COLABORADORES hacemos foco en el gerente y los colaboradores, respectivamente. Aquí analizamos el encaje entre el estilo del gerente y la disposición del colaborador.

M 31 - pág. 90 ⏪••

Las alternativas básicas en cuanto a dicho encaje se representan en la matriz que figura en el gráfico inicial:

M 28 - pág. 81 ⏪••
- En un eje, se distingue si el estilo del gerente es participativo o directivo.

- En el otro, se distingue si la disposición del colaborador es favorable o no. La dis-posición puede ser desfavorable por baja competencia o baja motivación, o bien por carencias en ambos factores.

Dicha matriz comprende cuatro cuadrantes:

1. Equilibrio limitado – La disposición desfavorable del colaborador encaja en cier-ta medida con el estilo directivo del gerente, pero se pierde el aporte potencial del primero. Un problema adicional es que probablemente un gerente con es-tilo directivo se preocupe menos que uno participativo en desarrollar la compe-tencia o la motivación de sus colaboradores, dando lugar así a una especie de círculo vicioso.

2. Enriquecimiento – Ésta es la situación ideal: la disposición favorable del colabo-rador encaja debidamente con el estilo participativo del gerente.

3. Saturación – El estilo participativo del gerente no encuentra eco en el cola-borador, lo cual suele generar frustración en el gerente y una sensación de saturación en el colaborador porque considera que el gerente demanda dema-siado. En esta situación es muy importante diagnosticar si la disposición des-favorable del colaborador se debe a baja competencia o a baja motivación,

o a carencias en ambos factores, a fin de adoptar las medidas que permitan superar la situación.

4. Desaprovechamiento – El estilo directivo desaprovecha la disposición favorable del colaborador. Esto, además de la pérdida de aporte potencial del colaborador, genera en él frustración y desmotivación.

Participación – Gerente y colaboradores

Módulo antecedente 27

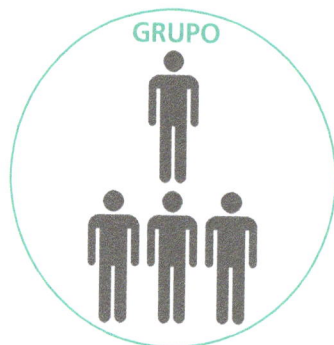

GRUPO

M 27 - pág. 79 En el módulo PARTICIPACIÓN – APORTE E INFLUENCIA señalamos que la participación de una persona en un proceso de resolución de problemas y toma de decisiones (RP/TD) significa que brinda su aporte (información, ideas, opiniones, etcétera) basada en sus conocimientos y experiencia.

M 71 - pág. 183
M 72 - pág. 185
M 70 - pág. 181 La participación se produce dentro de un grupo, que puede ser lo que llamamos "básico" o "de proyecto", o de cualquier otro tipo. Salvo el caso de las células autodirigidas, normalmente el grupo tiene una autoridad formal. Convencionalmente, denominamos:

- "Gerente", a dicha autoridad formal, cualquiera sea el título que se le asigne.

- "Colaboradores", al resto de los miembros del grupo.

En diversos módulos tratamos la situación del gerente y sus colaboradores en cuanto a la participación:

M 30 - pág. 88 - Por una parte, hacemos foco en el gerente en PARTICIPACIÓN – CONTENIDO Y PROCESO – ESTILO DEL GERENTE.

M 31 - pág. 90 - Por otra parte, enfocamos a los colaboradores en PARTICIPACIÓN – DISPOSICIÓN DE LOS COLABORADORES.

M 32 - pág. 92 - En PARTICIPACIÓN – ENCAJE ENTRE EL GERENTE Y SUS COLABORADORES analizamos cómo encaja el estilo del gerente con la disposición de sus colaboradores.

M 29 - pág. 85 - En PARTICIPACIÓN ENTRE EL GERENTE Y SUS COLABORADORES examinamos ciertas condiciones que consideramos importantes para que la participación sea verdaderamente efectiva.

M 35 - pág. 97
M 37 - pág. 102
M 36 - pág. 100 También tratamos la participación en tres módulos sobre cierto modelo de influencia (que comprenden descripción de comportamientos, evaluación de comportamientos y estilos de liderazgo, pero sin hacer diferencia entre el gerente y sus colaboradores. Sin embargo, el contenido de dichos módulos es asimismo aplicable tanto al gerente como a los colaboradores.

Participación – Mayor demanda actual

PROBLEMÁTICA INTERDISCIPLINARIA
NECESIDAD DE CREATIVIDAD E INNOVACIÓN
ESCALA DE MASLOW
DESARROLLO POLÍTICO Y SOCIAL
MAYOR EDUCACIÓN
EXPECTATIVAS CULTURALES

La mayoría de las decisiones significativas que se toman en las organizaciones dan lugar a procesos en los que participan, en mayor o menor medida, más de una persona. La participación de la gente en la RP/TD puede ser muy variada, tanto en cantidad como en calidad. En repetidas oportunidades surge la pregunta de si no correspondía una mayor o mejor participación; o bien, por el contrario, se plantea la duda acerca de si la participación ha sido exagerada o innecesaria.

Las alternativas en cuanto a la participación de la gente constituyen una variable crítica, que afecta la eficiencia del proceso, la calidad de la decisión en sí y la probabilidad de una implementación efectiva. Y que además tiene influencias trascendentes sobre la motivación y la capacitación de la gente, el ambiente organizacional, etcétera.

Cuando se discute acerca de la participación en la toma de decisiones dentro de una organización, debe tenerse en cuenta que hoy en día existe una mayor necesidad o demanda de participación, comparada con épocas anteriores. En este sentido cabe señalar los factores siguientes:

1. En la actualidad, la toma de decisiones en la organización suele implicar una problemática más compleja que requiere integrar el *know how* de diferentes personas dentro de un esquema de organización flexible.

2. En el mundo moderno, la creatividad y la innovación se han convertido en factores decisivos. Y es sabido que el autoritarismo, si bien puede ser eficaz para lograr cierto tipo de acciones, tiene graves limitaciones para provocar que la gente sea más creativa e innovadora.

3. En promedio, la gente ha ido mejorando posiciones dentro de la escala de Maslow. Maslow indicó cinco niveles de necesidades: 1) fisiológicas, 2) seguridad, 3) afiliación, 4) estima y 5) autorrealización; y destacó que en general el ser humano se preocupa por otro nivel una vez que ha satisfecho las necesidades del nivel anterior. Si una persona está angustiada por satisfacer sus necesidades fisiológicas o de seguridad, es probable que no se preocupe mayormente

por cosas "sofisticadas" como la participación en la toma de decisiones. Pero si la persona tiene satisfechas sus necesidades fundamentales y está buscando, por ejemplo, el reconocimiento o incluso la autorrealización, es natural que se interese activamente por la participación. El ascenso en las posiciones de la escala de Maslow se ha dado en mayor grado en los países más desarrollados. Pero el esquema es aplicable también en la Argentina, si bien en menor grado.

4. A lo largo de los años se ha logrado, aunque con grandes dificultades, un cierto desarrollo de la democracia, tanto en el campo político como en el social. Y existen vasos comunicantes entre las actitudes y los comportamientos de los individuos como ciudadanos, padres de familia, etcétera, y las actitudes y los comportamientos que se observan dentro de la organización.

5. En promedio, la población actual goza de más educación, al menos en el campo técnico. Por lo tanto, se siente más capaz y motivada para participar en la toma de decisiones.

6. La aplicación de las llamadas ciencias del comportamiento a la administración de empresas, incluido el resultado de investigaciones empíricas, ha tendido a destacar los beneficios de la participación, lo cual ha constituido una influencia intelectual significativa.

Participación – Modelo de influencia – Descripción de comportamientos

M 35

⏪
Módulo antecedente
27

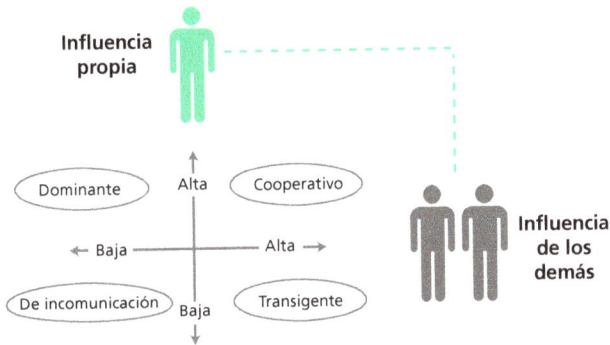

El comportamiento de alguien ("el sujeto") con relación a los demás comprende dos dimensiones:

- La influencia que ejerce personalmente.
- La influencia que permite ejercer a los demás.

En este orden, cabe distinguir cuatro tipos de comportamiento: el cooperativo, el dominante, el transigente y el de incomunicación.

Con el comportamiento cooperativo, el sujeto pretende maximizar tanto su influencia como la de los demás. Su objetivo es buscar y encontrar la mejor solución entre todos los participantes. El sujeto no escatima su aporte personal ni trata de "imponer su voluntad", "salirse con la suya" o "ganar la discusión".

El comportamiento cooperativo comprende dos tipos de conducta: la asertiva y la receptiva, que se analizan en el módulo correspondiente.

El sujeto adopta un comportamiento dominante cuando privilegia su propia influencia, a expensas de la de los demás. En mayor o menor grado, se dirige a "imponer su voluntad", "salirse con la suya" o "ganar la discusión". Se preocupa por mantener el control de la situación en cuanto al producto del proceso, aun a costa de sacrificar la mejor solución del problema. Este comportamiento puede llevarse a cabo de diversas maneras:

- Emplear directamente el poder que deviene de la autoridad o de otro factor ("quiero que se haga así porque soy el jefe").
- Utilizar argumentos que ejercen presión sobre los demás. Esto puede hacerse por medio de amenazas abiertas o veladas ("si no hace lo que quiero trataré de perjudicarlo"); invocando factores improcedentes ("el jefe quiere que hagamos las cosas así"); apelando indebidamente a sentimientos u obligaciones de los demás ("si eres mi amigo, debes responder a mi pedido"), etcétera.

•• ▶ M 05 - pág. 41

- Ocultar o manipular información, de manera de conducir el proceso hacia la finalidad premeditada por el sujeto.

- Desvalorizar a los demás ("usted no tiene la experiencia suficiente como para opinar sobre este tema") o sus aportes ("tiene razón, pero poca, y la poca que tiene no sirve para nada").

M 05 - pág. 41
M 10 - pág. 50

- No ser receptivo. Esto es, no dejar participar a los demás, no escuchar, no darle importancia a lo que se escucha, no tratar de comprender, etcétera. Aun más: en sentido estricto, no motivar la participación de los demás o cualquier otro proceder que agrande la brecha entre el aporte potencial y el aporte efectivo que hagan, sería un comportamiento dominante.

Tratar de convencer o persuadir a los demás no necesariamente constituye un comportamiento dominante. Sin embargo, cuando el sujeto fuerza sus argumentos o utiliza amenazas sutiles para convencer o persuadir está, en sustancia, comportándose en forma dominante.

El sujeto adopta un comportamiento transigente cuando privilegia la influencia de los demás a expensas de la propia. Aquí concede una brecha entre sus aportes potencial y efectivo. Y lo hace aunque su falta de aporte pueda atentar contra la mejor solución del problema. Es común que el sujeto proceda de tal manera porque desea ganarse la aceptación, buena voluntad o aprecio de los demás; porque quiere evitar la confrontación o el conflicto; incluso, porque carece de convicción respecto de sus ideas y no quiere correr el riesgo de exponerlas. A menudo esto le sucede al colaborador frente a su jefe. Sin embargo, se puede dar también en sentido inverso.

Dentro del comportamiento transigente cabe distinguir:

- Un grado menor de transigencia, que limita el ejercicio de la influencia, pero hasta un cierto punto. Por ejemplo, cuando el sujeto está en desacuerdo con una ponencia y expresa sus puntos de vista, mas lo hace en forma limitada o no sigue la discusión a pesar de que podría hacerlo legítimamente; o cuando expone los pros y los contras de una alternativa, pero finalmente vacila o incluso evita fijar su posición personal en cuanto a la elección.

- Un grado mayor de transigencia, donde el sujeto virtualmente no realiza aportes y, sin embargo, no se retira del proceso. Por ejemplo, cuando el sujeto está en desacuerdo con una decisión, pero no lo manifiesta; o bien expresa lacónicamente su desacuerdo sin exponer razones y, de todos modos, no ofrece resistencia o aun colabora en la implementación ulterior de la decisión.

El comportamiento de incomunicación implica que el sujeto se retira del proceso; se desconecta de la solución del problema. No realiza aportes ni es permeable a los de los demás. Esto sucede de dos maneras:

- La abstención. El sujeto explicita su posición de retirada ("en este asunto no quiero meterme", "aquí no tengo nada que hacer ni decir", etcétera), o bien la da a entender por medio del silencio y la inactividad.

- La pelea. El sujeto agrede directa o indirectamente a los demás. Esto suele parecer una actitud opuesta a la abstención. Sin embargo, sus consecuencias son similares. El sujeto se entrega a un estallido emocional y escapa del problema.

Cabe aclarar que en la práctica la identificación de comportamientos indicada precedentemente puede tener dificultades o ambigüedades, por los motivos siguientes:

1. Cualquier descripción o percepción de comportamiento representa un "corte" de la realidad, un segmento de un proceso más largo. Dado un segmento, éste puede merecer una calificación (cooperativo, dominante, transigente o de incomunicación). Pero, si se agregan otros segmentos de comportamiento, el conjunto puede justificar una calificación distinta. Por ejemplo, la expresión de una opinión tomada en forma aislada es encuadrable en un comportamiento cooperativo, mas su tímida defensa ulterior amerita calificar el comportamiento total como transigente.

2. Es casi imposible que la descripción o percepción de un segmento de comportamiento abarque toda la información pertinente. Y la información faltante podría hacer cambiar la identificación del comportamiento con un cuadrante del modelo. Por ejemplo, una determinada expresión verbal es definible como transigente, pero la expresión facial del sujeto torna dominante el comportamiento.

3. En todo comportamiento cabe distinguir tres visiones distintas:

   - La del sujeto.

   - La de los demás participantes.

   - La que puede llegar a tener un observador que no participa en el proceso.

4. Las respectivas visiones están condicionadas por intenciones, ansiedades, prejuicios, etcétera. Por ejemplo, una determinada manifestación del sujeto puede constituir para él un mero suministro de información objetiva, sin intento alguno de restringir la influencia de los demás (comportamiento cooperativo). Y, sin embargo, ese mismo comportamiento puede ser percibido como amenazante por los demás (comportamiento dominante). O lo que el sujeto expresa como un pedido la otra persona lo toma como una orden (esto puede ser habitual entre el jefe y el colaborador, especialmente en ámbitos como el militar o equivalentes).

Participación – Modelo de influencia – Estilo de liderazgo

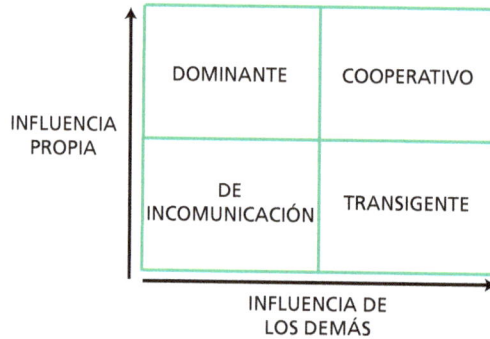

En primer lugar, corresponde establecer la distinción entre comportamiento y estilo:

1. El comportamiento se refiere a la conducta puntual de una persona en una situación determinada.

2. El estilo constituye la inclinación general de la persona a comportarse de cierta manera, a repetir patrones de conducta, más allá de condicionamientos situacionales.

Una persona puede ejercer cierto comportamiento a raíz de las circunstancias, sin que ello corresponda a su estilo, y puede tener un estilo definido, pero en diversas ocasiones adoptar distintos comportamientos que no responden a ese estilo.

M 35 - pág. 97 ◀◀ En el módulo PARTICIPACIÓN – MODELO DE INFLUENCIA – DESCRIPCIÓN DE COMPORTAMIENTOS desarrollamos un modelo de tipos de comportamiento. *Prima facie* no es un modelo de estilos. Un mismo sujeto puede tener comportamientos de distinto tipo (cooperativo, dominante, transigente o de incomunicación) según las circunstancias. Sin embargo, los individuos tienen tendencia a comportarse siguiendo patrones personales de conducta, más allá de las circunstancias. Y si definimos los estilos en función del tipo de comportamiento predominante, debemos reconocer que el modelo también puede servir de base para caracterizar estilos.

Por lo tanto, sobre la base de dicho modelo una persona puede tener distintos estilos:

- Dominante.
- Cooperativo.
- Transigente.
- De incomunicación.

M 37 - pág. 102 ◀◀ En el módulo PARTICIPACIÓN – MODELO DE INFLUENCIA – EVALUACIÓN DE COMPORTAMIENTOS dijimos que la conveniencia de uno u otro comportamiento (dominante, cooperativo, transigente o de incomunicación) depende de la situación. Sin embargo, no es lo mismo cuando nos referimos al estilo. Podemos decir que un estilo de incomunicación es decididamente malo. Uno intransigente no parece tan malo, pero en principio tampoco es bueno. En cambio, cabe sostener que un estilo dominante puede ser preferible en ciertos contextos, en los que las situaciones justifican comportamientos dominantes en forma preponderante, y se supone que la persona que posee un estilo dominante dispone del perfil más apropiado para ello. Sin embargo, en el mundo actual este concepto tendría una aplicación bastante limitada, amén del riesgo de abuso. Entonces, en materia de estilo la balanza se inclina claramente en favor del cooperativo.

Participación – Modelo de influencia – Evaluación de comportamientos

DOMINANTE   COOPERATIVO

CONVENIENCIA
SEGÚN LA
SITUACIÓN

DE INCOMUNICACIÓN   TRANSIGENTE

M 35 - pág. 97 ◀•• En el módulo titulado PARTICIPACIÓN – MODELO DE INFLUENCIA – DESCRIPCIÓN DE COMPORTAMIENTOS hemos caracterizado cuatro tipos de comportamiento según el lugar que un sujeto le otorga tanto a la influencia propia como a la de los demás: cooperativo, dominante, transigente y de incomunicación. Pero no hemos emitido juicios de valor sobre la conveniencia de emplear cada tipo de comportamiento. Este tema es objeto del presente módulo.

No hay que perder de vista que lo que importa finalmente no es la participación por la participación misma, sino el cumplimiento de los objetivos de la organización. Debemos valorar la participación de la gente en la medida en que favorezca dicho cumplimiento. En este sentido, es oportuno traer a colación lo dicho en el módulo titulado M 28 - pág. 81 ◀•• PARTICIPACIÓN – COMPORTAMIENTOS Y ESTILOS – PARTICIPATIVO Y DIRECTIVO, en cuanto a los atributos a tener en cuenta para evaluar la calidad de un proceso de toma de decisiones y a las ventajas o desventajas o limitaciones de la participación frente a tales atributos. Los conceptos generales allí esbozados nos pueden servir de base para evaluar la conveniencia de emplear uno u otro tipo de comportamiento del modelo de influencia. En general, es aconsejable:

1. Un comportamiento cooperativo cuando:

   • Es valioso tanto el aporte del sujeto como el de los demás; esto es particularmente importante cuando el problema en cuestión requiere creatividad e innovación.

   • Son importantes la motivación y el compromiso de todos para asegurar una adecuada implementación, sobre todo cuando hay resistencia al cambio.

2. Un comportamiento dominante cuando:

   • El sujeto está en condiciones de brindar un aporte significativo, pero los demás no.

   • El sujeto piensa tomar una decisión y es obvio que los demás estarán contentos con ella (la motivación no es una variable importante).

- Es urgente tomar la decisión y no hay tiempo para un comportamiento coo-perativo.

- El principio de participación selectiva lo justifica, teniendo en cuenta el área de responsabilidad del sujeto.

- Es necesario poner límites al comportamiento de los demás en una situación de conflicto.

3. Un comportamiento transigente cuando:

- El sujeto no está en condiciones de brindar un aporte significativo, pero los otros sí.

- Los demás están muy motivados para llevar adelante un proyecto propio, y un comportamiento cooperativo del sujeto atentaría contra el sentimiento de autorrealización que nutre dicha motivación.

- El principio de participación selectiva lo justifica, teniendo en cuenta el área de responsabilidad del sujeto.

- Se pretende que los demás aprendan descubriendo el conocimiento por sí solos, ganando su propia experiencia.

- El otro está muy alterado o nervioso.

- El otro plantea un problema personal.

4. Un comportamiento de incomunicación cuando:

- El sujeto está muy alterado o nervioso.

- El sujeto tiene un impedimento religioso, ético o legal para participar en el problema en cuestión.

En los párrafos precedentes hemos presentado un esquema de pautas acerca de cuándo convendría uno u otro tipo de comportamiento. El esquema, naturalmente, representa una sobresimplificación de la problemática que ofrece la vida real. Las pautas sólo constituyen una guía tentativa, de carácter general. En la práctica, habrá que agudizar el análisis y el ingenio para elegir el mejor camino correspondiente a cada caso.

Participación – Modelos I y II

SUPUESTOS	MODELO I	MODELO II
Puntos de vista	Propios	Compartidos
Propósito	Ganar – Perder	Ganar – Ganar
Sentimientos	Supresión	Reconocimiento
Racionalidad	Propia y total	Compartida y limitada

Chris Argyris y Donald Schön (*Theory in Practice*, Jossey-Bass, 1974) han caracterizado dos modelos de influencia a los que denominan "Modelo I" y "Modelo II", sobre la base de entender que los individuos tienen cierta inclinación personal a adoptar uno de ellos en sus relaciones con los demás, especialmente en los procesos interactivos de resolución de problemas y toma de decisiones.

La persona que responde al Modelo I trata de imponer al otro sus objetivos, opiniones, decisiones, etcétera. En cambio, la que es identificada con el Modelo II busca compartir y, si es posible, consensuar los puntos de vista.

En el Modelo I el propósito es ganar a toda costa; si es necesario, derrotar al otro ("ganar – perder"). El II intenta la ganancia para ambas partes ("ganar – ganar").

El Modelo I implica suprimir los sentimientos (por ejemplo, la empatía) y, sobre todo, no expresarlos, porque esto se interpreta como un signo de debilidad. Con el Modelo II se reconocen los sentimientos, y hasta cabe manifestarlos, bajo ciertas condiciones.

Quien emplea el Modelo I magnifica su propia racionalidad; no está dispuesto a aceptar sus errores, pero tiende a culpar a los demás; por lo tanto, tiene dificultades para el aprendizaje. Con el II, el sujeto parte de la base de que su racionalidad es limitada; que está condicionado por su marco mental; que puede estar equivocado o haber cometido errores; que el proceso de interacción es una verdadera oportunidad de aprendizaje.

Si lo relacionamos con otros módulos de esta obra, podemos decir lo siguiente:

M 28 - pág. 81 ◄••
- El Modelo I corresponde a un estilo directivo; el II, a uno participativo.

M 36 - pág. 100 ◄••
- En el Modelo I predominan los comportamientos dominantes; en el II, los cooperativos.

M 03 - pág. 36 ◄••
- El Modelo I emplea más las barreras defensivas que el Modelo II.

- El Modelo I, a diferencia del II, entraña escasez de conducta **receptiva** y suele tener tendencia a **conductas agresivas**. ••▶ M 05 - pág. 41

- El Modelo I abusa de la **discusión** en detrimento del **diálogo**, no así el Modelo II. ••▶ M 07 - pág. 45

- En la **"ventana de Johari"**, el Modelo I privilegia la ventana "privada"; el Modelo II, la "abierta". ••▶ M 26 - pág. 77

- El Modelo I oculta su **marco mental**, incluso para sí mismo. El II está dispuesto a indagar y exponer el marco mental. ••▶ M 18 - pág. 64

- El Modelo I corresponde más a la **"teoría en uso"**; el Modelo II, a la **"teoría expuesta"**. ••▶ M 25 - pág. 76

Con respecto a la organización, Argyris sostiene que si la mayoría de sus miembros usan el Modelo I, la organización tiende a promover y proteger este modelo, que él denomina OI, y que tiene una serie de efectos contraproducentes. El ideal es que las organizaciones se acerquen a un Modelo II, lo cual requiere un proceso de aprendizaje individual y colectivo bastante difícil.

Para profundizar en el tema, recomendamos los siguientes libros:

- *Conocimiento para la acción*, de Chris Argyris (Granica 1999), Capítulo 2.

- *Metamanagement*, de Fredy Kofman (Granica, 2001), Capítulo 6.

Reuniones – Brainstorming

1. Prohibido evaluar
2. Toda idea debe ser bienvenida
3. Tantas ideas como sea posible
4. Se fomenta la sinergia

El precepto básico del "brainstorming" o "lluvia de ideas" es asignar un tiempo exclusivamente a la generación de ideas, a la creatividad. Durante este lapso los participantes deben seguir cuatro reglas básicas:

1. Está prohibido evaluar las ideas.

2. Toda idea debe ser bienvenida.

3. Se alienta la generación de tantas ideas como sea posible.

4. Se fomenta la sinergia.

La primera regla se basa en que la evaluación prematura atenta contra la creatividad y que la exposición a la crítica inhibe a las personas a lanzar ideas, por temor al ridículo, a parecer incompetentes, etcétera. Por lo tanto, es imprescindible aplazar el juicio y suspender la crítica.

La segunda regla implica que en un principio toda idea es válida y ninguna debe ser rechazada. O sea, cualquier persona puede aportar cualquier idea de cualquier índole, mientras que la crea aplicable al problema tratado.

En el brainstorming se busca, en una primera instancia, cantidad sin control de calidad y se valora la originalidad. Es preferible primero fomentar y acumular el máximo de ideas, constituyendo una masa más rica para la ulterior evaluación y selección. En esto se funda la tercera regla.

La cuarta regla se debe a que en la generación libre de ideas se produce la sinergia, fenómeno por el cual la idea de uno dispara nuevas ideas en otros, que no hubiesen surgido de no mediar la primera, y así sucesivamente. Para fomentar la asociación de ideas es clave ir anotando en un lugar visible cada una de las que se proponen.

Una vez finalizado el lapso asignado al brainstorming, se procede a la evaluación de cada una de las producidas con esta técnica. En esta etapa se desechan las que carezcan de valor y se analizan las más interesantes.

Reuniones – Clasificación general

SEGÚN
El número de participantes
El grado de formalidad
El propósito

Las reuniones pueden clasificarse básicamente según:

- el número de participantes,

- el grado de formalidad o

- el propósito.

Con respecto al número de participantes, es útil distinguir tres niveles principales de reuniones:

- De dos personas solamente.

- De un grupo "chico" de más de dos personas, que no supere un número tal que *per se* impida la participación activa de todos sus miembros, dentro de un mínimo de eficiencia. Normalmente el tope es de diez o doce personas, o aun menos.

- De un grupo "grande", que comprenda un número de personas mayor que el tope indicado precedentemente.

La distinción entre dos y tres personas o más radica en lo siguiente. Cuando un dúo está interactuando, la dinámica tiende a ser distinta debido a la ausencia de "espectadores" y a la imposibilidad de que otros tercien en la conversación. Además, muchas de las reglas que son necesarias para mejorar la productividad de las reuniones entre tres o más personas no son tan relevantes en un diálogo entre dos.

El tope del grupo chico es relativamente arbitrario. En sustancia, se trata de una cuestión de grado que ofrece una serie de múltiples posibilidades. Lo que hemos denominado grupo grande podría dividirse en diversos niveles, como ser "mediano", "grande", "muy grande", etcétera. Y muchos aspectos típicos del grupo chico puede que hasta cierto punto sean comunes con los del mediano. Por otra parte, la reunión de un grupo grande puede incluir secciones en donde los participantes se distribuyan en subgrupos más pequeños, para luego intercambiar durante una reunión plenaria las conclusiones de cada uno de ellos, etcétera.

M 40

Con respecto al grado de formalidad, cabe identificar dos situaciones muy opuestas: el encuentro puramente casual o improvisado y la reunión con todos sus ingredientes formales, incluyendo la entrega de la agenda en tiempo y forma (con objetivos, temario, metodología, invitados, horario, etcétera), la circulación oportuna de la información pertinente, el lugar y la logística adecuados, etcétera. Y entre ambos extremos puede pensarse una infinita gama de alternativas.

En general, los conceptos y técnicas en materia de reuniones apuntan a darles cierta formalidad, para que sean más productivas. Sin embargo, nada impide que muchos de esos conceptos y técnicas se empleen provechosamente en un encuentro casual o improvisado. Por otro lado, en estos encuentros bien puede ocurrir que el mejor procedimiento para tratar el tema en cuestión sea comenzar la organización de una reunión formal, en vez de continuar la discusión del tema de manera improvisada.

Existen cuatro tipos de reuniones, según su propósito:

M 56 - pág. 146 ◀ ••   1. De intercambio de información.

M 58 - pág. 150 ◀ ••   2. De resolución de problemas puntuales.

M 57 - pág. 148 ◀ ••   3. De planeamiento y control.

    4. Especiales.

En las reuniones de resolución de problemas puntuales corresponde aplicar la metodología de resolución de problemas y toma de decisiones (RP/TD), total o parcialmente. Las reuniones de planeamiento y control también tienen como base dicha metodología, pero presentan características diferenciales que ameritan que se las trate por separado.

En sendos módulos trataremos los tres primeros. Las reuniones especiales tienen objetivos distintos de los indicados en 1 a 3, demandan un proceso bien diferente y suelen implicar un *know how* particular por parte del conductor. Ejemplos de este tipo de reuniones son las de capacitación y las entrevistas de evaluación, entre otras.

Reuniones – Contenido y proceso

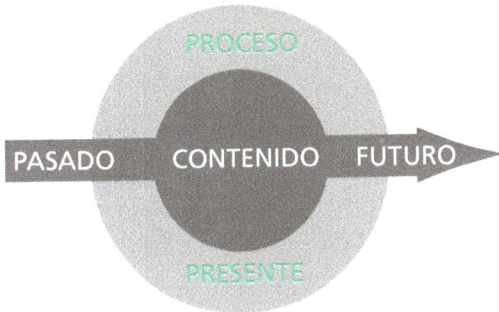

En toda reunión se desarrollan simultáneamente dos fenómenos: el contenido y el proceso. Ambos están profundamente entrelazados, pero es válido y conveniente distinguirlos en forma analítica con el propósito de enfocar mejor la problemática de las reuniones.

El contenido es el "qué", es la "carne" de la reunión. Se compone de las cuestiones que se plantean, de la información que se incorpora, de las ideas que se generan, de las opiniones que se brindan y de las conclusiones que se logran. En general, el contenido comprende acontecimientos del pasado y proyecciones para el futuro.

El proceso es el "cómo", es la forma en que fluye el contenido. Dentro del proceso cabe diferenciar cuatro aspectos:

1. La disciplina básica, referente a normas de conducta de los participantes cuyo cumplimiento es fácilmente verificable.

2. La arquitectura del proceso, correspondiente a cómo se va armando el contenido con miras a los objetivos de la reunión.

3. La productividad de las intervenciones individuales.

4. El clima de las relaciones interpersonales.

Los elementos que componen la disciplina básica son claramente diferenciables del contenido. En general, se puede hacer una observación acerca de cualquiera de ellos (por ejemplo: "por favor, no me interrumpas") sin hacer referencia en absoluto al contenido. En cambio, los elementos que componen los otros tres aspectos del proceso suelen estar involucrados, en mayor o menor grado, con el contenido. Tal vez una observación acerca de ellos (por ejemplo: "no te vayas por las ramas") implique cuestiones también vinculadas al contenido.

A continuación, se indican los principales elementos que componen cada uno de los cuatro aspectos señalados.

M 41

La disciplina básica comprende:

- Cumplimiento del horario / puntualidad.

- Bloqueo de interrupciones de terceros (llamadas telefónicas, intromisiones de personas ajenas a la reunión, etcétera).

- Respeto del uso de la palabra, exclusión de diálogos paralelos, etcétera.

La arquitectura del proceso abarca:

- Orientación al objetivo.

- Secuencia lógica (aplicación de la metodología RP/TD).

- Sincronización de las intervenciones (correlación entre una intervención y la siguiente).

La productividad de las intervenciones incluye:

- Eliminación de redundancias.

- Intervenciones cortas y concretas / evitar rodeos.

- Nivelación de la participación (que ninguno tenga una participación excesiva o insuficiente).

El clima de las relaciones interpersonales comprende:

- Ambiente de confianza y de respeto.

- Cordialidad / armonía.

- Espíritu de cooperación / equipo.

- Manejo adecuado del conflicto.

- Disposición a prestar atención a los demás / a escuchar "activamente".

- Disposición a brindar información a los demás / sinceridad.

- Suministro de apoyo emocional (por ejemplo: elogios o manifestaciones de empatía).

En última instancia, lo que interesa es la calidad del contenido de una reunión, sobre todo de su producto con miras a las acciones ulteriores. Sin embargo, el proceso es también muy importante, debido a su influencia sobre el contenido. Un mal proceso (indisciplina, arquitectura confusa, clima negativo, etcétera) entorpece el desarrollo del contenido, y perjudica no sólo la eficacia (logro de los objetivos), sino también la eficiencia (idas y venidas, pérdidas de tiempo, etcétera). A su vez, estos inconvenientes atentan contra la motivación, generan frustración, aumentan innecesariamente el conflicto, etcétera, afectando el clima, elemento fundamental del proceso. La idea es construir un círculo virtuoso entre proceso y contenido, y no un círculo vicioso.

Reuniones – Decálogo

1. Justificación de la reunión
2. Metodología apropiada
3. Participación
4. Creatividad e innovación
5. Buen management
6. Distinción de contenido y proceso
7. Registro
8. Técnicas especiales
9. Desarrollo del trabajo en equipo
10. Gestión del cambio

1. Antes de convocar a una reunión es adecuado evaluar si se justifica hacerlo, si el objetivo de la convocatoria no puede lograrse mejor por otros medios. M 43 - pág. 113

2. Diferentes tipos de reuniones requieren distinta metodología. En tal sentido, nos remitimos al módulo REUNIONES – CLASIFICACIÓN GENERAL y a los demás módulos consecuentes. M 40 - pág. 107

3. En general, en el proceso de toma de decisiones es preferible la participación. Sin embargo: M 28 - pág. 81

   – Se pueden dar diversos grados de participación.

   – No siempre es preferible la participación. Su conveniencia depende de múltiples factores que deben ser tenidos en cuenta.

4. En las reuniones debe promoverse la creatividad y la innovación.

5. Con respecto a las reuniones, deben aplicarse conceptos y técnicas de buen management: de planificación, dirección y control. Esto entraña una serie de requisitos a tomar en cuenta antes, durante y después de la reunión. M 45 - pág. 116
M 46 - pág. 119
M 51 - pág. 130
M 41 - pág. 109

6. De lo que ocurre en una reunión, corresponde distinguir el contenido del proceso. El proceso tiene una profunda influencia sobre el contenido. En general, conviene que una persona opere como facilitador; esto es, que se ocupe primordialmente del proceso.

7. Es muy provechoso ir anotando en hojas de rotafolio, en una pizarra o en otro medio equivalente lo que se va diciendo durante la reunión, y que tales anotaciones queden permanentemente a la vista de todos. De tal manera, lo que se anota se transforma en un acta en vivo y en directo que permite al grupo de participantes mantener una memoria común del contenido de la reunión. Para ello es necesario que una persona opere como anotador. M 48 - pág. 124

M 42

M 52 - pág. 131 ◀ • •
M 39 - pág. 106 ◀ • •

8. Es eficaz y eficiente aplicar selectivamente ciertas técnicas especiales para administrar reuniones, como ser la "técnica del grupo nominal", el "brainstorming", etcétera.

M 65 - pág. 167 ◀ • •

9. Es importante tener permanentemente en cuenta no sólo la eficacia de la decisión o decisiones que surjan de la reunión, sino también el desarrollo del trabajo en equipo, más allá de la reunión actual.

10. En las decisiones que implican un cambio significativo en el comportamiento de los afectados, corresponde considerar la gestión del cambio, a fin de asegurar la debida implementación de la decisión.

FACTORES
Eficacia
Eficiencia
Motivación
Desarrollo/Aprendizaje
Espíritu de equipo

Una reunión puede implicar la presencia física de los participantes, o bien ser un encuentro virtual merced al empleo de la tecnología; por ejemplo, las llamadas "videoconferencias". A continuación, nos referimos a ambos tipos de reuniones.

Es conveniente analizar los factores que deben tenerse en cuenta para decidir si vale la pena convocar o no a una reunión de toma de decisiones. En los párrafos siguientes, haremos un breve resumen de dichos factores.

1. Eficacia
La reunión suele ser el medio idóneo cuando el logro de los objetivos perseguidos requiere de la contribución interactiva de varias personas.

2. Eficiencia
Además de tal contribución, es importante ponderar el costo de la reunión. Habitualmente, el tiempo de los participantes representa el costo principal, que es crucial analizar antes de la convocatoria, comparativamente con otras alternativas de empleo del tiempo. Por otra parte, la reunión bien puede ahorrar problemas y consumos adicionales de tiempo en la implementación.

3. Motivación
La participación de la gente en una reunión de toma de decisiones en general favorece su motivación, especialmente en cuanto al compromiso que asumen para implementar la decisión tomada.

4. Desarrollo/aprendizaje
Más allá de la contribución y la motivación de los invitados a una reunión, su participación puede ser muy valiosa como un medio de aprendizaje o desarrollo personal.

M 62 - pág. 159

M 43

M 65 - pág. 167 ◄••

5. Espíritu de equipo

La convocatoria a una reunión puede justificarse no sólo por los factores indicados precedentemente, sino también porque favorece el espíritu de equipo de los asistentes a la reunión.

Además de analizar los factores que justifiquen una reunión, conviene considerar posibles sustitutos; por ejemplo:

- Decisión individual.

- Reuniones de a dos.

- Comunicación telefónica.

- Comunicación escrita.

- Otras opciones temporales: postergación, inclusión del tema en otra reunión ya planeada, etcétera.

Reuniones – Participantes

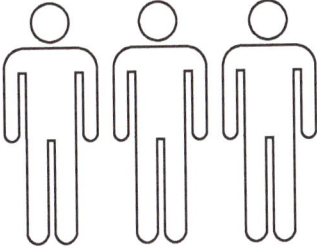

Para reuniones de toma de decisiones es preferible limitar el número de participantes en aras de la eficacia y la eficiencia. En este orden, el límite puede oscilar entre 10 y 12 personas, aproximadamente. Desde ya que la cantidad de personas depende de la madurez, predisposición y autodisciplina –entre otros factores– de cada una.

M 58 - pág. 150

En una reunión, en principio, sólo deberían participar las personas necesarias, cuya identificación dependerá del correcto planeamiento que se realice. Para ello es conveniente tener en cuenta:

- La función de los participantes en la organización.
- La capacidad de aporte de cada uno (conocimientos, experiencia, aptitud para tomar decisiones, etcétera).

M 27 - pág. 79

- La necesidad de motivar o lograr compromiso (tener en cuenta la resistencia al cambio).
- El aprendizaje de los participantes.

M 62 - pág. 159

- El desarrollo del espíritu de equipo o "team building".

M 65 - pág. 167

También es viable que luego del análisis precedente se pueda considerar la asistencia parcial de cierto(s) participante(s) en función del temario, o tal vez dividir una reunión en dos o más subreuniones separadas en función de la audiencia.

Una vez definidos los participantes, puede ser conveniente que algunos preparen ciertos temas para realizar presentaciones especiales durante el encuentro, lo que implica la supervisión de la preparación pertinente en tiempo y forma (aquí cabe la técnica de "presentaciones eficaces", empleo de audiovisuales, etcétera). También puede ser útil definir la asignación de roles especiales como: facilitador, anotador, etcétera.

M 50 - pág. 128
M 49 - pág. 125
M 48 - pág. 124

Reuniones – Planeamiento

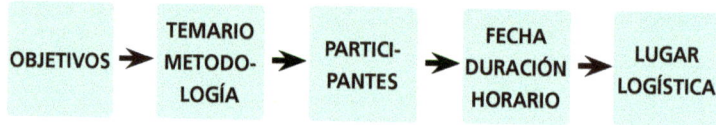

| OBJETIVOS | → | TEMARIO METODO-LOGÍA | → | PARTICI-PANTES | → | FECHA DURACIÓN HORARIO | → | LUGAR LOGÍSTICA |

Necesidad de la planificación

En general, la planificación adecuada de los distintos aspectos de una reunión es un factor clave del éxito de su desarrollo. Por lo común, los aspectos más significativos a planificar son los siguientes:

- Objetivos.
- Temario y metodología del proceso.
- Participantes.
- Fecha, duración y horario.
- Lugar y logística.

A continuación, desarrollaremos brevemente cada aspecto.

Objetivos

Es necesario que los participantes conozcan la finalidad de la reunión. Algunas veces las palabras de apertura son: "Bien, todos sabemos para qué estamos reunidos…", pero resulta que algunos participantes manejan supuestos diferentes acerca del objetivo del encuentro, porque éstos nunca se explicitaron. Es fundamental que todos tengan en claro el objetivo común, y que además todos perciban su importancia. De lo contrario puede suceder que alguien, al considerarlo irrelevante, no crea justificable la reunión y ello atente contra la calidad de su participación.

Una forma de asegurarse al respecto es poner de manifiesto cuál es el *output* o producto específico que se espera del encuentro, que tendrá relación con el tipo de reunión de que se trate.

Temario y metodología del proceso

Dado que el temario responde al fondo o a la "carne" de la reunión, corresponde ser muy cuidadoso en este aspecto. Es conveniente evitar las vaguedades –por ejemplo: "asuntos varios"–, que desconciertan a los participantes.

Puede suceder que un participante proponga un tema. En ese caso es aconsejable revisar con él su propuesta a fin de asegurar su debida inclusión.

La planificación debe cubrir no sólo los temas que se abordarán, sino también cómo tratarlos y hasta qué punto. Esto nos lleva a la aplicación de la metodología de RP/TD y a la elección de alternativas en cuanto a las etapas y pasos a concretar en la reunión.

••▶ M 58 - pág. 150

Participantes

En este aspecto, nos remitimos al módulo REUNIONES – PARTICIPANTES.

••▶ M 44 - pág. 115

Fecha, duración y horario

Previo a elegir la fecha debe tratar de asegurarse la asistencia de los participantes, al menos de los que sean clave para el éxito de la reunión. Deben considerarse otros factores críticos, como ser la urgencia, la disponibilidad de la información pertinente, etcétera. Una vez definida la fecha, deberá citarse con la debida anticipación a los participantes, teniendo en cuenta el tiempo que habrá de requerir la elaboración y circulación del material previo pertinente, y la preparación de los participantes.

Es útil asignar tiempo a cada punto de la agenda, en función de la naturaleza del tema a tratar y de las etapas o pasos del proceso de RP/TD que se quieran cubrir.

En general, es deseable establecer y poner en conocimiento de los participantes no sólo la hora de comienzo, sino también la de finalización. Este proceder puede atentar contra la flexibilidad que a veces requiere la discusión de ciertos temas. Pero, por otro lado, ofrece dos ventajas significativas. La primera es que influye psicológicamente en favor de la eficiencia. La segunda es que compromete la presencia de todos hasta el final de la reunión. De lo contrario, cualquier participante se puede ir cuando lo desee, dentro de los términos de la convocatoria. Una de las maneras de forzar la finalización de la reunión puede ser programarla justo antes de otra actividad inevitable –por ejemplo, un almuerzo, retiro de las oficinas, etcétera.

Lugar y logística

Muchas veces a este aspecto no se le presta la debida atención. Sin embargo, contribuye enormemente al éxito de una reunión.

Es importante disponer de una sala aislada de ruidos, eliminar los factores de interrupción o de distracción (ausencia de medios de comunicación con el exterior, etcétera), contar con buena iluminación, ventilación y climatización, disponer del espacio adecuado (teniendo en cuenta los equipos a utilizar), etcétera.

Si se prevé hacer reuniones de subgrupos, en algunos casos es útil contar con salas adicionales que reúnan esas mismas condiciones.

En cuanto a la disposición de las mesas y sillas, debe asegurarse que el *layout* favorezca la interacción, que la(s) mesa(s) tenga(n) espacio suficiente para apoyar lo que sea menester, que las sillas sean cómodas, etcétera.

M 45

También será conveniente contar con todo el equipamiento necesario, y que se encuentre en condiciones y sea el adecuado; por ejemplo, rotafolios y/o pizarrón, proyector, etcétera.

Finalmente, y no por ello menos importante, sugerimos controlar que todo esté en orden treinta minutos o una hora antes de comenzar la reunión.

Reuniones – Realización

APERTURA ➤ DESARROLLO ➤ CIERRE

Apertura

Al comienzo de la reunión corresponde introducir los objetivos, el temario, la metodología y los tiempos asignados. Además es oportuno que los participantes se presenten entre ellos, salvo que ya se conozcan.

••▶ M 45 - pág. 116

Desarrollo

El desarrollo debe cubrir adecuadamente todos los aspectos de contenido y de proceso. Lo fundamental, en última instancia, es la calidad del contenido; o sea, las cuestiones que se plantean, la información que se incorpora, las ideas que se generan, las evaluaciones que se formulan y las conclusiones que se logran. Y que tal calidad se alcance de una manera eficiente. Esto demanda intervenciones cortas y precisas, eliminación de redundancias, empleo de medios visuales, etcétera. Pero la calidad del contenido depende en gran medida de los atributos del proceso. Vale decir, de la disciplina básica, de la arquitectura del proceso y del clima de las relaciones; lo cual requiere un adecuado ejercicio del rol de facilitador.

••▶ M 41 - pág. 109

••▶ M 49 - pág. 125

Un aspecto adicional es el aprendizaje de los participantes. La idea es no sólo resolver eficazmente la problemática de la reunión, sino también que los participantes aumenten su capacidad de resolver problemas futuros, gracias al proceso de RP/TD. Esto tiene mucho que ver con el concepto de "aprendizaje en equipo" que Peter Senge nos ofrece en su obra *La quinta disciplina*. Dicho aprendizaje, al igual que la calidad del contenido, depende mucho de los atributos del proceso.

••▶ M 62 - pág. 159

Cierre

A los efectos de realizar un cierre efectivo recomendamos hacer una síntesis que comprenda los puntos siguientes:

- Resumen de las conclusiones: a fin de asegurar el entendimiento de todos, sentar bases sólidas para la implementación y servir de enlace con próximas reunio-

M 46

nes. En síntesis, contribuye a la sensación de tener un producto final de la tarea realizada, y puede ayudar a reforzar el espíritu de equipo.

- Referencia al cumplimiento de los objetivos de la reunión: señalar los desvíos del objetivo para precisar los cambios, recordar los puntos inconclusos, especificar el grado de avance, etcétera.

- Indicación de próximos pasos: establecer específicamente qué hay que hacer, cómo hacerlo, quién es el responsable, cuándo corresponde cumplir con la tarea, etcétera.

Reuniones – Relación entre el facilitador y el jefe

F
¿Es necesario que alguien actúe como facilitador?

F → C
¿Conviene que el facilitador haga aportes al contenido?

J → C
¿Conviene que el jefe haga aportes al contenido?

F = J
¿Conviene que el facilitador sea el propio jefe?

En este módulo analizamos la relación entre el rol de **facilitador** y la figura del "jefe", o sea, quien tiene la autoridad formal en la reunión. M 49 - pág. 125

Muchos jefes tienen la inclinación a intervenir demasiado, a expensas de la participación de los demás. Michael Doyle y David Strauss, en su libro *How to Make Meetings Work* (A Jove Book, 1982 y ediciones posteriores), destacan lo siguiente: "Los jefes que conducen sus propias reuniones tienden a ser por lejos los participantes más activos; hemos encontrado que ellos hablan en promedio más del 60% del tiempo total de la reunión". ¡Si el jefe ocupa el 60%, todos los demás juntos tienen que arreglárselas con el 40% restante! ¿Es esto un buen proceso, una buena participación?

Algunos autores, que propugnan el desarrollo de un estilo de liderazgo participativo, dan por sentado que el jefe conduce la reunión, pero recomiendan que se dedique principalmente a promover los aportes de los demás; que se concentre lo más posible en el rol de monitorear el proceso. Vale decir, que se acerque a la figura del facilitador indicada anteriormente.

Sin embargo, tal propuesta enfrenta dos dificultades importantes. Primero, la inclinación general de los jefes a intervenir demasiado, que comentamos más arriba. Segundo, si el jefe logra contenerse, ya sea por predisposición natural o por autodisciplina, ¿no será peor el remedio que la enfermedad?

La pregunta insinúa su propia respuesta: la abstención del jefe en materia de contenido puede significar un costo de oportunidad excesivo. Henry Mintzberg (en su obra *La naturaleza del trabajo directivo*) destacó que una función muy importante del ejecutivo es distribuir información. Prácticamente todos los autores destacados de los últimos tiempos en materia de liderazgo (John P. Kotter, Warren Bennis, etcétera) han resaltado que un rol fundamental del líder es orientar a la gente en el camino de una visión, de objetivos, de estrategias, etcétera. En síntesis, el jefe tiene mucho que aportar. Y si dedica una porción cuantiosa de su tiempo a conducir reuniones, pero se abstiene de aportar en ellas, ¿cuándo y cómo va a disponer de la ocasión para cubrir la brecha?

M 47

Los párrafos precedentes implican cuatro preguntas clave, a saber:

1. ¿Es necesario que alguien actúe como facilitador a fin de monitorear el proceso?
2. ¿Conviene que el facilitador haga aportes al contenido?
3. ¿Conviene que el jefe haga aportes al contenido?
4. ¿Conviene que el facilitador sea el propio jefe?

Para responder a la primera pregunta (por SÍ o por NO) hay que considerar el número y la madurez de participantes, la complejidad de los contenidos, las dificultades del proceso, etcétera. Por ejemplo, es probable que no sea necesario un facilitador en el caso de una reunión de tres o cuatro personas, todas muy competentes en cuanto a su manejo en las reuniones, con excelente clima entre ellos y se trate de una problemática que les resulta relativamente fácil.

M 49 - pág. 125 ◄•• La segunda pregunta la tratamos en el módulo **REUNIONES – ROL DEL FACILITADOR**.

Nuestra respuesta a la tercera pregunta se inclina por el SÍ: conviene que el jefe haga aportes al contenido, por las razones que esbozamos más arriba.

La contestación a la cuarta pregunta depende de las respuestas a las tres anteriores:

- El planteo de la cuarta pregunta es "NO APLICABLE", si la respuesta a la primera es un NO. En cambio, tiene sentido si la respuesta a la primera pregunta es un SÍ. Las conclusiones siguientes parten lógicamente de esta última hipótesis.

- Corresponde un NO a la cuarta pregunta –es decir, que el jefe no debe actuar de facilitador– si las respuestas previas son: 2-NO y 3-SÍ.

- Por el contrario, es válido un SÍ –o sea, que el jefe puede actuar de facilitador– si las respuestas previas son: 2-SÍ y 3-SÍ, o bien 2-NO y 3-NO.

La propuesta del NO a la cuarta pregunta tiene sus méritos. Le encontramos una buena base conceptual y también experimental en los Estados Unidos de América. Además de conocer las experiencias citadas por otros autores, hemos tenido la oportunidad de participar en reuniones en las que se ha aplicado esta idea, y la impresión ha sido muy favorable. De acuerdo con esta propuesta, el jefe puede o debe convocar a la reunión, e incluso ocuparse de la apertura y del cierre, pero no debe conducir el desarrollo. Pasa a intervenir como cualquier otro participante. Esto suele invitar a que sea más medido en sus intervenciones, al librarse de la ansiedad que representa la conducción de la reunión a caballo de la prosecución de sus objetivos gerenciales.

Que tengamos conocimiento, en la Argentina tal idea se aplica poco o nada. Pero creemos que vale la pena intentar un cambio. Eso sí, son indispensables ciertas condiciones para que el intento tenga probabilidades de éxito. Primero, el jefe debe ser coherente en la concesión del rol de facilitador a otra persona. Por ejemplo, un jefe autoritario puede poner en marcha la propuesta pero desvirtuarla a mitad del camino porque en un momento dado no soporta no conducir la reunión. Si el jefe no está verdaderamente dispuesto a mantener la línea de conducta requerida, es preferible renunciar a la idea. Segundo, el facilitador no sólo debe tener las habilidades pertinentes, sino que además debe gozar del reconocimiento del grupo para actuar como tal. Tercero, la idea no debe oponerse a la cultura de los participantes de la reunión.

Reuniones – Rol de anotador

> **MEMORIA VISUAL**
>
> **EN VIVO Y EN DIRECTO**

Este rol va más allá del de simple escribiente de actas. Su función principal es registrar en "vivo y en directo", a la vista de todos los participantes, la información, las ideas, las opiniones, las conclusiones, etcétera, que van surgiendo a lo largo del proceso. Es decir, que tiene la responsabilidad de llevar la "memoria visual del grupo". También es importante la redacción de un acta final de la reunión que resuma lo actuado y se distribuya entre los participantes, lo más pronto posible, al concluir.

M 41 - pág. 109 ◀•• La memoria visual del grupo facilita en gran medida la eficiencia del proceso. Evita que las personas que sostienen una idea no tiendan a repetirla en demasía, por temor a que sea dejada de lado por el grupo. Explicita las redundancias, que así son más fáciles de señalar en forma no agresiva. Favorece la correlación entre lo que dice primero una persona y luego otra; este registro pone en evidencia el vicio de que alguien plantea un punto, y el siguiente en el uso de la palabra sale con un tema completamente ajeno al punto, dejándolo "en el aire". Produce el efecto psicológico de que la idea aportada por un participante pasa a ser propiedad del grupo.

Si bien el rol de anotador no requiere cualidades particulares, es muy importante que tome en cuenta aspectos como:

- Letra clara, legible y tamaño adecuado.
- Rapidez para no omitir aportes de los participantes.
- Conocimientos pertinentes (técnicos, etcétera) que le permitan interpretar los aportes de los participantes.
- Uso de palabras o ideas clave que abrevien o sinteticen sin modificar los aportes de los participantes.
- Subrayados, colores diferenciados, esquematización de aportes, etcétera.

Reuniones – Rol de facilitador

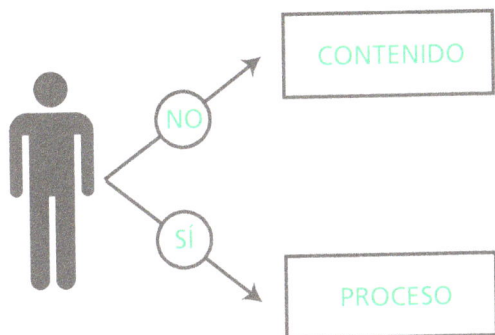

M 41 - pág. 109

En el módulo REUNIONES – CONTENIDO Y PROCESO establecimos la diferencia entre estos dos conceptos:

- El contenido es el "qué", es la "carne" de la reunión. Se compone de las cuestiones que se plantean, de la información que se incorpora, de las ideas que se generan, de las opiniones que se brindan y de las conclusiones que se logran.

- El proceso es el "cómo", es la forma en que fluye el contenido.

En dicho módulo se destaca que, en última instancia, lo que interesa es el contenido o producto de una reunión, pero que el proceso es también muy importante, debido a su influencia sobre el contenido. El rol de facilitador es proveer a la calidad y productividad del proceso, lo cual comprende:

1. Vigilar el cumplimiento de la disciplina básica.

2. Favorecer la arquitectura del proceso.

3. Estimular la productividad de las intervenciones individuales.

4. Contribuir a un clima positivo en las relaciones interpersonales.

En el módulo citado se indican los principales elementos que componen cada uno de los cuatro aspectos señalados.

Para llevar a cabo su misión, el facilitador realiza múltiples intervenciones antes de la reunión y durante ella (en la apertura, el desarrollo y el cierre).

Antes del encuentro le cabe al facilitador:

- Colaborar en el planeamiento de la reunión, en lo que sea menester.

M 45 - pág. 116

- Proveer o revisar la normativa de la reunión.

- Acordar / coordinar roles con:

M 49

M 47 - pág. 121 ◀•• – El jefe o autoridad formal de la reunión, en el caso de que sea una persona distinta del facilitador.

M 48 - pág. 124 ◀•• – Quien ejerza la función de anotador.

M 50 - pág. 128 ◀•• – Cualquier otra persona a la que se le asigne un rol específico para la reunión.

- Asegurar la disposición de la logística correspondiente.

En la apertura de la reunión le corresponde al facilitador aclarar su rol, así como también la normativa correspondiente, salvo que ya sea debidamente conocido por los participantes.

M 46 - pág. 119 ◀••

Durante el desarrollo, el facilitador debe administrar:

- La agenda.

- La metodología.

- Los tiempos.

- El uso de la palabra / las intervenciones de los participantes.

Los participantes pueden tener intervenciones disfuncionales que atenten contra cualquiera de los cuatro aspectos enunciados precedentemente en los puntos 1 a 4 (violaciones de la disciplina básica, "irse por las ramas", discursos demasiados largos, comportamientos conflictivos, etcétera). En tal caso, el facilitador debe ejercer las acciones pertinentes. Esto suele requerir un sutil equilibrio entre cumplir con su misión y no incomodar indebidamente a la persona merecedora del cuestionamiento. Aquí el facilitador dispone de varias opciones:

- Observación al grupo en general, aunque el objetivo sea un participante o "un grupito" en particular.

- Observación a un participante o a "un grupito" de participantes en particular, en el seno de la reunión o en un apartado (por ejemplo, en un descanso).

- Pedido de ayuda a la autoridad formal o a otro participante.

M 51 - pág. 130 ◀•• Al cierre de la reunión, el facilitador debe prestarle especial atención al resumen de lo actuado y al plan de seguimiento correspondiente.

M 13 - pág. 55 ◀•• En el momento oportuno (durante el desarrollo, al cierre o después de la reunión), el facilitador puede darle feedback al grupo en conjunto o a los participantes individualmente.

Una cuestión importante es si al facilitador le corresponde o no hacer aportes al contenido. Tanto el SÍ como el NO tienen sus pros y sus contras. El SÍ privilegia el aporte al contenido que el facilitador puede hacer. El NO enfatiza la dificultad de ocuparse simultáneamente del contenido y del proceso, que es preferible concentrarse en la función primordial, y que la neutralidad del facilitador debe ser formalmente establecida. El pro del SÍ es la contra del NO, y viceversa. La elección depende del peso relativo de los respectivos pros y contras. Y aquí juegan ciertos factores: número y madurez de los participantes, complejidad de los contenidos, dificultades del proceso, etcétera. En este orden y en general, cuanto mayor sea la problemática de la reunión más conviene que el facilitador se concentre en su rol. El efecto de un mejor proceso sobre la calidad del contenido habrá de compensar con creces la pérdida del aporte del facilitador al contenido.

De todos modos, el NO admite excepciones. Cabe que el facilitador esté en condiciones de hacer un aporte muy significativo en uno o más momentos de la reunión. En tal caso, pide permiso, realiza su aporte y luego vuelve a su rol normal de facilitador. Lo importante es que su participación en el contenido sea la excepción y no la regla.

Otra cuestión es si conviene o no que el jefe o autoridad formal del grupo actúe como facilitador. Esta cuestión la analizamos en el módulo REUNIONES – RELACIÓN ENTRE EL FACILITADOR Y EL JEFE.

M 47 - pág. 121

El facilitador puede ser un miembro del grupo inherente a la reunión o bien una persona ajena a él. En las primeras experiencias es vital la habilidad del facilitador y el reconocimiento que tenga de los demás. Al principio, suele ser difícil encontrar la persona apropiada. Incluso puede que sea preciso recurrir a un consultor externo. A medida que la gente se acostumbra y aprende, la selección del facilitador se vuelve menos crítica. Un avance interesante es que el rol de facilitador llegue a ser ejercido eficazmente por todos o la mayoría de los miembros del grupo en forma rotativa. Esto tiene la ventaja adicional de que el actuar como facilitador representa un campo fértil para superarse como simple participante de las reuniones. En efecto, si una persona enfrenta como facilitador la problemática de actitudes y comportamientos indebidos de los participantes (es raro que no los haya), es probable que la experiencia le ayude a mejorar sus propias actitudes y comportamientos como participante de otras reuniones.

Es muy importante que los participantes tengan bien claro desde el primer momento cuál es el rol de facilitador. Por ello, si no estuvieran familiarizados acerca de dicho rol, es indispensable que el facilitador lo explique debidamente al comenzar la reunión.

M 46 - pág. 119

Reuniones – Roles especiales

Facilitador
Anotador
Observador
Experto

En una reunión todos los participantes, en mayor o menor grado, deben asumir la responsabilidad de hacer aportes sustantivos en materia de contenido y contribuir de manera positiva al proceso. Sin perjuicio de esta responsabilidad común, es generalmente aceptado que alguien debe asumir cierta responsabilidad primaria en cuanto a dirigir la reunión. Esta persona es denominada conductor, director, líder, etcétera. Habitualmente, el conductor de la reunión (o como se lo llame):

- Es quien la convoca.

- Hace bastantes aportes al contenido. Frecuentemente tiene mucho que decir, debido a su posición y a su vinculación con las causas y consecuencias de la reunión.

Es usual que un grupo de personas que reporta a un jefe dentro de una organización concurra a una reunión para tratar temas propios del grupo. En este caso, se observa la tendencia a que el jefe del grupo dirija la reunión. En otras situaciones se reúne gente que fuera de la reunión no tiene un jefe común. Entonces se suele nombrar a uno de los miembros como conductor del encuentro. Pero aún en este caso el conductor suele tener una responsabilidad de dirección que va más allá del manejo de la reunión. Vale decir que hasta cierto punto es también un jefe en el área de responsabilidad que pertenece a la reunión.

M 49 - pág. 125 ◀ •• Por otra parte, se ha dado en llamar "facilitador" al rol de monitorear el proceso pero sin hacer aportes al contenido, salvo como excepción. El término "facilitador" va más allá de una mera cuestión semántica. El concepto de facilitador supone que en general es problemático, si no imposible, que una sola persona pueda monitorear el proceso eficazmente y al mismo tiempo efectuarle aportes sustantivos.

También puede suceder que al facilitador se le agreguen otras personas que coadyuven al mejor desarrollo del proceso de la reunión actual y contribuyan al mejoramiento de futuras reuniones. Estos roles son:

- Anotador: quien registra en forma clara el proceso y las conclusiones de la reunión en un lugar visible por todos los participantes.

- Observador: el que no forma parte de la reunión pero luego está en condiciones de dar **feedback** sobre la calidad del proceso.

M 13 - pág. 55

- Experto: quien tiene un conocimiento profundo sobre algún tema que los participantes no dominan.

Desarrollemos los roles de "facilitador" y "anotador" en los módulos respectivos. Además, en otro módulo examinamos la **relación entre el rol de facilitador y el** jefe.

M 49 - pág. 125
M 48 - pág. 124
M 47 - pág. 121

Reuniones – Seguimiento

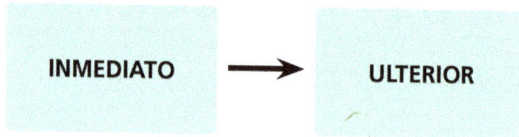

```
┌─────────────┐          ┌─────────────┐
│  INMEDIATO  │   ──►    │  ULTERIOR   │
└─────────────┘          └─────────────┘
```

Seguimiento inmediato

Es ventajoso preparar y distribuir cuanto antes el acta de la reunión. Primero porque da una imagen de seriedad que tiende a promover el compromiso ulterior de los participantes. Segundo porque favorece la implementación efectiva de las decisiones tomadas.

Es preferible que el acta sea más bien corta. No es necesario que se extienda en el detalle de lo actuado. Lo esencial es resumir las conclusiones y la indicación de los próximos pasos.

El acta puede distribuirse entre todas aquellas personas interesadas en el producto de la reunión, aunque no hayan asistido a ella. El hecho de que el texto sea sintético no debe operar como una restricción. De todos modos, el acta le brinda al interesado la oportunidad de tomar la iniciativa para formular las preguntas pertinentes a quien corresponda.

Seguimiento ulterior

Posteriormente, en el momento oportuno, es indispensable controlar el cumplimiento de lo dispuesto en la reunión. Esto, además de inducir a la implementación correspondiente, refuerza la imagen de seriedad, influyendo de manera positiva sobre la motivación de la gente. Por las mismas razones, en reuniones posteriores es aconsejable hacer un *racconto* de dicho seguimiento.

M 62 - pág. 159 ◀ ● ● Los participantes de una reunión pueden llevar a cabo una discusión complementaria para evaluar la productividad que ha tenido, atendiendo a la calidad del contenido, a los atributos del proceso y al aprendizaje en equipo. Si un mismo grupo tiene reuniones sucesivas, es provechoso que se ocupe de tal evaluación en forma periódica y sistemática, a fin de que la experiencia de las reuniones realizadas sea aprovechada para mejorar las siguientes.

Reuniones – Técnica de grupo nominal

PARED PARA PONER HOJAS
USADAS DE ROTAFOLIO

ROTAFOLIO

FACILITADOR / ANOTADOR

MESA

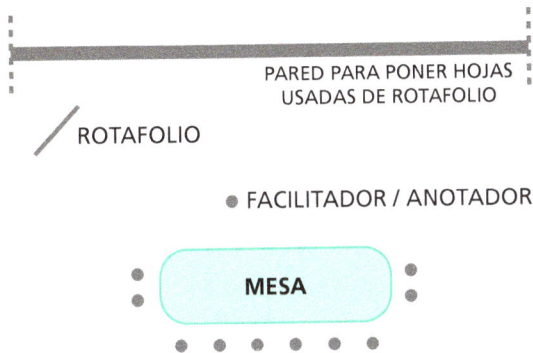

La "técnica de grupo nominal" (TGN) es un método especial para administrar una reunión, que se presta especialmente para la generación de ideas y su evaluación con el propósito de establecer prioridades.

La TGN permite mejorar significativamente la eficacia y la eficiencia de reuniones que responden a ciertas características, dentro del espectro de reuniones orientadas a la resolución de problemas o toma de decisiones. No siempre es el método más conveniente, depende de la naturaleza de la reunión. Pero una porción importante de las reuniones que con frecuencia se llevan a cabo en las organizaciones amerita el empleo de la TGN. Sin embargo, esta técnica es poco usada, bastante menos de lo que se debería; tal vez por desconocimiento, por aferramiento a métodos más tradicionales, etcétera.

Se trata de una técnica estructurada que comprende:

1. Principios básicos, que tratamos en el módulo REUNIONES – TÉCNICA DE GRUPO NOMINAL – PRINCIPIOS. ••▶ M 54 - pág. 140

2. Una metodología específica; al respecto ver el módulo REUNIONES – TÉCNICA DE GRUPO NOMINAL – METODOLOGÍA. ••▶ M 53 - pág. 133

3. La actuación de un facilitador y anotador. ••▶ M 49 - pág. 125

4. Cierta logística. ••▶ M 48 - pág. 124

Respecto al punto 3, es indispensable la actuación de un facilitador que conozca debidamente la TGN. Debe monitorear el proceso de la reunión y favorecer su clima. El facilitador se abstiene de hacer aportes al contenido de la reunión. Vale decir que se circunscribe al rol de puro facilitador.

Con relación al punto 4, se deben tener en cuenta algunos aspectos específicos de la TGN. Para llevar a cabo la memoria visual es preciso utilizar un rotafolio, una o más pizarras, una computadora con proyector u otro medio equivalente, con el espacio

M 52

suficiente para hacer todas las anotaciones. En general, es preferible el rotafolio por su flexibilidad y capacidad de registración, siempre y cuando haya las hojas necesarias. Para simplificar, en el texto siguiente sólo haremos referencia al rotafolio. Pero lo que digamos es fácilmente extrapolable a otro medio.

Todas las ideas y sus derivados se van anotando en una hoja de rotafolio. Cuando se completa, se la adhiere a la pared u otro elemento análogo a la vista de todos, y se continúa en la hoja siguiente.

El facilitador puede ocuparse simultáneamente de dichas anotaciones, porque su tarea no es demasiado compleja y el número de participantes varía de 6 a 12 aproximadamente. Dado que la TGN es bastante estructurada, usualmente el rol de facilitador no demanda un trabajo excesivo; de manera que es factible y eficiente concentrar ambas funciones en una misma persona. De todos modos, puede preferirse que una persona opere como facilitador y otra como anotador.

Por lo común, la mejor distribución en la sala es poner las sillas en semicírculo, orientadas hacia donde se adhieren las hojas de rotafolio.

La presencia de una mesa central no es indispensable. Que sea preferible que esté o no es una cuestión de gusto. Lo tradicional es que en las reuniones la gente se siente alrededor de una mesa. Sin embargo, hoy en día existe una corriente que recomienda prescindir de la mesa central, al menos en ciertas circunstancias. La mesa inmoviliza a los participantes. La idea es que se puedan parar, caminar, etcétera, sin dejar de participar activamente. Incluso hay opiniones que sostienen que la gente parada piensa mejor que sentada. De todos modos, si se emplea una mesa central, el mejor diseño es el semicírculo para dar lugar a la posición de las sillas señaladas en el párrafo anterior.

Reuniones – Técnica de grupo nominal – Metodología

M 53

◀◀
Módulo
antecedente
52

1.	Definición e indicación de la consigna
2.	Creación individual y silenciosa
3.	Rondas
4.	Clarificación y depuración
5.	Voto preliminar
6.	Discusión abierta
7.	Voto final o no repetición del voto

En los módulos REUNIONES – TÉCNICA DE GRUPO NOMINAL y REUNIONES – TÉCNICA DE GRUPO NOMINAL – PRINCIPIOS enunciamos los conceptos básicos de la TGN y sus principios. En éste, desarrollamos la metodología específica. Vale aclarar que la TGN tiene variantes. Aquí tratamos el "método usual".

••▶ M 54 · pág. 140

A continuación, desarrollamos cada uno de los pasos del método usual.

1. Definición e indicación de la consigna

La consigna debe responder al objetivo de la reunión y debe ser bien precisa. De lo contrario los participantes pueden confundirse o rumbear por senderos que no corresponden. La consigna se presenta a los participantes al comienzo de la reunión. Es preferible imprimirla, de manera de entregarle un ejemplar a cada uno de ellos. Es importante aclarar cualquier duda que se pueda presentar antes de encarar el próximo paso.

A modo de ejemplo, se adjunta el Anexo I.

2. Creación individual y silenciosa

Cada participante, actuando individualmente y sin consultar a los demás, registra en una hoja las ideas que representan su respuesta a la consigna. Es importante que las ideas se escriban en forma sintética y precisa. El trabajo se debe realizar en forma individual y en silencio.

3. Rondas

Siguiendo la ronda de la mesa (o su equivalente, si no hubiera mesa), cada participante indica una idea por vez. Se hacen tantas rondas como sea menester. No es necesario que el participante se circunscriba a las ideas que registró en la etapa anterior. Muchas veces la idea de un participante inspira una nueva idea en otro participante (sinergia).

Cuando un participante completó su lista dice "paso". Pero el que pasa en un turno puede apuntar una idea en cualquier turno siguiente.

Las ideas así identificadas se van volcando a las hojas de rotafolio, anotando el código y el texto sintético de la idea. A fin de codificar las ideas es preferible usar letras mayúsculas (A, B, C, etcétera), y no números, para luego en las votaciones poder diferenciar mejor las ideas de su puntaje. Cuando se agotan las letras del abecedario, se utiliza doble letra (AA, BB, CC, etcétera), y luego triple letra, etcétera.

Durante las rondas no se puede cuestionar. A lo sumo se puede preguntar para entender el texto de la idea. Las ideas deben ser presentadas en pocas palabras y en forma precisa. El facilitador-anotador registra la idea en el rotafolio conforme la expresó su autor. Sin embargo, con el consentimiento del autor puede abreviar, o incluso llegar a proponer una modificación que favorezca la claridad, siempre y cuando no altere el sentido.

Las hojas con las ideas deben estar a la vista de los participantes en forma permanente. Una vez completadas, se las debe arrancar y adherirlas a una pared.

4. Clarificación y depuración

Se promueven preguntas e intercambia información para:

A. Clarificar las ideas identificadas, de manera que todos comprendan los planteos de los demás y sus razones.

B. Afinar los enunciados, eliminar duplicaciones, hacer agrupaciones pertinentes, etcétera.

Pero, en principio, no corresponde argumentar en contra de las ideas.

Es normal que entre dos o más ideas haya una duplicación, un solape parcial o una relación de género a especie. Entonces, cualquiera de los presentes podrá proponer la reducción de las ideas duplicadas a una sola, la fusión de las ideas que ofrecen un solape importante (con los agregados que sea menester) o la absorción de la especie por el género. Esto hace que ciertas ideas sean descartadas como idea separada, aunque comprendidas en otras. De esta manera, es frecuente que se reduzca el número de ideas que serán objeto de votación en el paso siguiente.

Sin embargo, el descarte de una idea debe contar con la aprobación de su autor. Ésta es una regla básica de la TGN. Aunque los demás opinen que la idea de un participante está totalmente duplicada en la de otro, basta con que uno de los autores se oponga para que ambas queden formalmente separadas en los términos que quieren sus respectivos autores. Asimismo, aunque se esté de acuerdo en que una idea está contenida en otra (relación de género a especie), e incluso aunque su autor reconozca tal relación, éste tiene derecho a mantenerla separada.

5. Voto preliminar

En esta etapa cada participante individualmente indica su preferencia entre las distintas ideas que se encuentran registradas en las hojas de rotafolio. Aquí caben dos situaciones principales:

A. Se vota para elegir una sola idea; vale decir que se opta por un curso de acción en particular.

B. Se vota para establecer un ranking de prioridades entre las ideas, de manera que quedan abiertos diversos cursos de acción, no excluyentes entre sí.

En general, la TGN se presta más para B que para A. Primero porque habitualmente es problemático concluir en favor de una sola idea sobre la base de las etapas anteriores, careciendo de una discusión a fondo. Segundo, porque el resultado de la votación (tanto preliminar como final), cuando excluye todas las ideas menos una, tiene menos probabilidad de conformar a todos; o sea que es mayor el riesgo de que se generen residuos conflictivos.

Para ultimar la instrucción de la votación, es preciso definir cuántas ideas debe elegir cada votante, del total que surgió de la etapa inmediata anterior. Aunque el objetivo sea elegir finalmente una sola idea, cabe que cada participante elija varias y haga un ranking de las seleccionadas por él, a fin de que el cómputo pondere mejor las preferencias de todos. El número de ideas a elegir por cada uno depende de la cantidad total de ideas objeto de elección. Cuanto más cuantioso es este total, mayor debe ser el número de ideas a elegir por cada uno.

Cada votante, además de elegir un número de ideas, debe hacer con ellas un ranking de prioridades. Para ello le asigna a la primera prioridad un puntaje igual al número de ideas a elegir; y así continúa en forma decreciente hasta llegar a la última prioridad dentro de las elegidas, a la cual le corresponde un puntaje de 1. De esta manera las ideas no elegidas reciben implícitamente un cero como puntaje. Por ejemplo, si se trata de priorizar cinco ideas, la primera tiene puntaje 5; la segunda, 4; la tercera, 3; la cuarta, 2, y la quinta, 1.

La priorización puede ser teóricamente cuestionada en el sentido de que dos o más ideas son igualmente importantes, que no es razonable plantear si una es mejor o más prioritaria que otra, que se trata de ideas complementarias, etcétera. Sin perjuicio de que tal cuestionamiento tenga su razón de ser, la priorización tiende a ser útil. Si una o más personas insisten en la dificultad o imposibilidad de priorizar, hay que pedirles que "fuercen la mano" y lo hagan. El beneficio de esto es que los participantes adquieren una visión cabal de sus preferencias como grupo, lo cual es muy importante. Por otra parte, los pasos ulteriores (discusión abierta y voto final o su alternativa, que comentamos más adelante) brindan el espacio para volver debidamente sobre la cuestión.

A veces es necesario fijar pautas para definir prioridades. Un caso típico en este sentido se da cuando una propuesta puede ser más valiosa que otra a largo plazo, pero menos urgente. En este caso, puede que sea conveniente establecer un tiempo dentro del cual corresponda juzgar la prioridad de las acciones en cuestión; cuanto más corto sea el período, la urgencia habrá de tener más peso relativo. Otro caso puede ser que la evaluación depende de la disponibilidad de los recursos, y ésta es una cuestión abierta que hace engorrosa la evaluación. En estas circunstancias puede que sea conveniente establecer ciertos supuestos en cuanto a la disponibilidad de los recursos.

El registro y comunicación del voto puede hacerse de distintas formas. Dos de ellas son las siguientes:

- Las letras de las ideas elegidas y su puntaje se registran en una tarjeta (o equivalente) y ésta se entrega al facilitador-anotador para que elabore el cómputo. De esta manera la votación puede ser secreta para los participantes.

- La anotación se limita a una tarea "interna" del votante que luego le dice su voto al facilitador-anotador. Entonces éste va volcando los votos en una hoja de rotafolio a la vista de todos.

Si el voto secreto no es necesario, la segunda alternativa suele ser conveniente, porque es más informal y entretenida.

6. Discusión abierta

Luego del voto preliminar se abre la discusión. Dentro de este paso se desarrolla prácticamente una reunión común, en los términos indicados al principio. Los participantes son libres de cuestionar los resultados de la votación y de argumentar en favor o en contra de cualquier idea.

La discusión suele ser bastante eficiente, porque el proceso anterior clarifica el panorama y tiende a evitar las posiciones excesivamente personales. La práctica forzada de la nivelación en la participación que caracteriza a la ronda predispone a continuar con una actitud equilibrada en los pasos siguientes, incluida la discusión abierta. El paso de clarificación y depuración obliga a los participantes a escucharse mutuamente antes de argumentar. Los resultados del voto preliminar hacen que la discusión se concentre en las ideas que lograron mayor puntaje total (aunque no es extraño que alguien haga un esfuerzo para reivindicar una idea que no se vio favorecida por la votación). Y a lo largo de todo el proceso se va produciendo el fenómeno de la despersonalización de las ideas que hemos comentado en el módulo sobre principios de la TGN.

Cuando la discusión se agota, se pasa al voto final.

7. Voto final o no repetición del voto

Puede optarse entre incluir todas las ideas objeto de la votación preliminar o votar solamente las que lograron mayor puntaje. En general, nos inclinamos por la segunda alternativa porque permite que todos los participantes concentren ahora su elección en lo que el grupo considera preferible, profundizando así su punto de vista respecto del curso o de los cursos de acción a tomar.

En principio, el cómputo del puntaje se hace con el mismo procedimiento que el empleado para el voto preliminar.

A veces, la discusión abierta hace evidente que una segunda votación no habrá de cambiar los resultados de la primera, de manera que es ocioso volver a votar. Para confirmar esta situación, en general es conveniente que el facilitador-anotador haga una pregunta formal al grupo en tal sentido. Pero debe asegurarse de que todos los miembros están verdaderamente conformes con la votación preliminar.

En el caso de priorización, a veces ocurre lo siguiente: entre las ideas con mayor puntaje la discusión se orienta más a su interrelación y a su desarrollo que a un cuestionamiento de la priorización. Puede ser que todas esas ideas tengan un alto grado de prioridad, pero que la profundización del ranking entre ellas sea cuestionable en los términos comentados en la sección sobre el voto preliminar. Entonces no tiene mayor sentido insistir en un segundo voto en cuanto a la priorización. El facilitador-anotador puede excluir el voto final y orientar las conclusiones a organizar el listado de ideas "ganadoras" en función de ciertas pautas.

M 53

ANEXO I
REUNIONES – TÉCNICA DE GRUPO NOMINAL – METODOLOGÍA - EJEMPLOS DE CONSIGNAS

Análisis de preocupaciones

- ¿Cuáles son los problemas principales (un grupo, o un sector, o la empresa tomado en conjunto, etcétera) que debemos encarar en la actualidad?

Aprovechamiento de oportunidades

- ¿Qué oportunidades ofrece actualmente el entorno cuyo aprovechamiento deberíamos encarar?
- ¿De qué manera podríamos aprovechar la oportunidad ...?

Análisis de problema - desvío

- ¿Cuáles pueden ser las causas de nuestro problema de ...?

Análisis de problemas potenciales

- ¿Qué puede ocurrir si ...?
- ¿Qué podemos hacer si ...?

Problema de implementación

- ¿Cómo podemos implementar nuestro objetivo de ...?
- ¿Qué medidas concretas podemos adoptar para lograr nuestro objetivo de ...?

Concepción de cursos de acción

- ¿Cómo podemos llevar a cabo nuestra estrategia de ...?
- ¿Qué cursos de acción podríamos adoptar para resolver nuestro problema de ...?

Evaluación de cursos de acción

- ¿Qué ventajas ofrece la alternativa ...?
- ¿Qué desventajas, riesgos o limitaciones ofrece la alternativa ...?

Planteos abiertos para temas específicos

- ¿Qué podemos hacer para mejorar la productividad de nuestro/a ... (organización, división, sector, etcétera)?
- ¿Qué podemos hacer para mejorar la calidad de nuestros productos?
- ¿Qué podemos hacer para mejorar la calidad de nuestros servicios?

- ¿Qué nuevos productos deberíamos desarrollar el año próximo?

- ¿Qué medidas concretas podríamos adoptar para atraer nuevos clientes?

- ¿Qué medidas concretas podríamos adoptar para mejorar la motivación de la gente?

- ¿Cuáles son los problemas principales que estamos teniendo en nuestras tareas cuya solución requiere la capacitación pertinente de la gente involucrada?

- ¿Qué temas de capacitación deberíamos cubrir en nuestro programa de seminarios para el próximo año?

- ¿Qué información deberíamos adicionar en nuestro "paquete" de información mensual?

- ¿Qué podemos hacer para mejorar la eficacia y la eficiencia de nuestras reuniones?

- ¿Qué eslogan deberíamos utilizar en nuestra próxima campaña publicitaria?

- ¿Qué temas deberíamos incluir en la próxima convención de ...?

Reuniones – Técnica de grupo nominal – Principios

◀◀
Módulo
antecedente
52

1. Brainstorming
2. Nivelación de la participación
3. Memoria visual
4. Despersonalización de las ideas
5. Decisión por voto
6. Atención a todas las propuestas
7. Reducción de argumentaciones

En el módulo REUNIONES – TÉCNICA DE GRUPO NOMINAL desarrollamos los conceptos básicos de la técnica. En éste, exponemos los siete principios en los cuales está basada.

1. Brainstorming

La primera parte de la TGN tiene mucho del brainstorming, cuyo precepto básico es asignar un tiempo exclusivamente a la generación de ideas, a la creatividad. Durante ese lapso está prohibido evaluar; lo único que hay que hacer con las ideas es anotarlas (en una etapa posterior habrá oportunidad para la evaluación). Al respecto ver el módulo REUNIONES – BRAINSTORMING.

M 39 - pág. 106   ◀••

2. Nivelación de la participación

En otro tipo de reuniones es habitual que algunas personas monopolicen el uso de la palabra, en tanto que otras participan menos de lo que deberían. La TGN, en cambio, fuerza una intervención mucho más pareja entre todos los participantes. Es obvio que tal nivelación resulta muy provechosa.

3. Memoria visual

En la TGN lo que se dice se escribe en hojas de rotafolio, en una pizarra o en otro medio equivalente. Y lo que se anota queda a la vista de todos los participantes hasta el final de la reunión. De esta manera se logra una especie de memoria visual "en vivo y en directo", un acta *on real time*.

A falta de registro, las personas que sostienen una idea tienden a repetirla en demasía, para asegurarse la debida atención; pero psicológicamente el registro suele neutralizar esta tendencia. Por otra parte, en virtud de la memoria visual las redundancias saltan más a la vista y son más fáciles de señalar en forma no agresiva. El registro facilita la correlación entre lo que dice primero una persona y luego otra. En este orden, ayuda a evitar ciertos vicios típicos de otras reuniones: un participante plantea un punto y el siguiente en el uso de la palabra se refiere a algo completamente ajeno a ese punto, dejándolo "en el aire"; un participante propone algo y alguien dice: "estoy de acuerdo pero…", propugnando en sustancia lo contrario y creando engorro en el proceso; etcétera. El registro de una idea permite volver eficientemente sobre ella en cualquier momento. *A posteriori*, el registro completo facilita la preparación del acta de la reunión.

4. Despersonalización de las ideas

Durante otros tipos de reuniones funcionan simultáneamente tantas memorias como participantes haya en el recinto. En estas condiciones, la idea aportada por una persona queda como un baluarte de quien la expuso, mientras que muchas veces esa idea se diluye en la memoria de los demás. Ello hace que cada uno esté permanentemente preocupado por resaltar a los demás los aspectos de "su" memoria que más le interesan.

En la TGN, si bien en el método usual el autor de la idea queda identificado, el registro en la memoria visual produce un efecto psicológico interesante: la idea pasa a ser propiedad del grupo. Además, el proceso ulterior de la TGN promueve que el grupo sienta que las conclusiones son del grupo, y no de uno o algunos en particular.

5. Decisión por voto

En las reuniones las decisiones se pueden tomar de diversa manera. Al respecto ver REUNIONES – TOMAR DECISIONES – FORMAS.

M 55 - pág. 143

La TGN plantea desde el principio el empleo de la votación. Esto es muy distinto que utilizar la votación como mal menor, como recurso límite. Por otra parte, el proceso de la TGN hace que el sentimiento de los participantes respecto de las conclusiones se acerque más a la situación de consenso que a la de la votación con ganadores y perdedores. Esto es particularmente válido cuando la votación se dirige a establecer prioridades y quedan abiertos múltiples cursos de acción; pero no lo es tanto cuando hay que elegir un solo curso de acción y descartar el resto. Ésta es una de las razones por las cuales la TGN es mejor cuando concluye con la priorización de alternativas que cuando culmina con la elección de una sola opción.

6. Atención a todas las propuestas

En la TGN todas las propuestas son atendidas. Esto es así por lo siguiente:

- Todas las ideas se registran en la memoria visual.
- Ninguna idea puede ser desechada sin la aprobación explícita de su autor.
- Toda idea no desechada es incluida en la votación.

M 54

7. Reducción de argumentaciones

El proceso de evaluación de ideas puede desglosarse en tres partes:

A. El establecimiento de criterios que sirvan de base para la evaluación, lo cual depende de la escala de valores, del énfasis en ciertos objetivos de mayor nivel, etcétera.

B. El análisis de los pros y los contras de cada idea, que incluye la proyección de sus consecuencias.

C. La ponderación, sobre la base de los criterios indicados en A, de la importancia relativa y de los riesgos que tienen los pros y los contras señalados en B.

En la TGN, una vez generadas las ideas (principio del brainstorming) se promueve el intercambio de información y de opiniones para aclarar las ideas y para enriquecer el proceso. Sin embargo, se trata de evitar las argumentaciones repetitivas. Esto se ve favorecido por la memoria visual (freno contra las redundancias) y por el hecho de que es inútil pretender desechar la idea del otro sin su consentimiento. La palabra final la habrá de tener la votación, lo cual psicológicamente disminuye la agresividad en la discusión.

1. Por "desplome"
2. Por autoridad formal
3. Por minoría
4. Por mayoría
5. Por consenso
6. Por unanimidad

En el libro *Consultoría de procesos – Su papel en el desarrollo organizacional*, Volumen 1 (Addison-Wesley, Iberoamericana, 1990), Edgar H. Schein expone diferentes formas para tomar decisiones. Cada una de ellas tiene su uso en el momento oportuno y genera consecuencias para el desempeño futuro del grupo. A continuación, haremos nuestro resumen de dichas formas.

1. Decisión por "desplome"

Es bastante común y a veces pasa inadvertida. Sucede cuando un participante de la reunión interviene enunciando una alternativa (sugiere una idea, emite un juicio de valor, propone un curso de acción, etcétera) y quien sigue en el uso de la palabra "sale con otra cosa", ignorando la intervención precedente. A veces se lo hace de manera "educada", aparentando que se tomó en cuenta la intervención previa, pero realmente dejándola de lado. Este proceso puede repetirse a lo largo de varias intervenciones, una atrás de la otra.

De tal manera se toma implícitamente una decisión, en el sentido de desechar la alternativa propuesta, lo cual suele generar frustración y desmotivación en la persona que sufre el "desplome" de su intervención.

2. Decisión por autoridad formal

Ocurre cuando quien tiene la autoridad formal en la reunión toma la decisión, más allá de la opinión de los participantes. Esto puede ocurrir en la elección del curso de acción correspondiente a la etapa respectiva, aunque se haya desarrollado un proceso previo participativo (en el examen de la problemática, en la generación y evaluación de ideas, etcétera).

La decisión por autoridad formal puede ser conveniente, dependiendo de la situación; al respecto nos remitimos al módulo PARTICIPACIÓN – COMPORTAMIENTOS Y ESTILOS – PARTICIPATIVO Y DIRECTIVO. Además, sea conveniente o no, en muchos contextos forma parte de las reglas de juego, incluyendo el M 28 - pág. 81

caso de consenso fallido. Por otra parte, las personas con un estilo directivo suelen hacer abuso de la autoridad formal para tomar decisiones. En este sentido puede verse el módulo PARTICIPACIÓN – MODELO DE INFLUENCIA – ESTILO DE LIDERAZGO.

M 36 - pág. 100 ◀••

3. Decisión por minoría

Sucede cuando una persona o un grupo minoritario emplea tácticas que conducen a cierta acción que, en sustancia, entraña la toma de una decisión, aunque no exista consentimiento de la mayoría.

4. Decisión por mayoría

Se da cuando la decisión se toma por votación o por un sondeo equivalente.

El voto constituye el pilar de la democracia en el ámbito político. Sin embargo, en el terreno de las organizaciones tiene sus desventajas o riesgos:

- Si el voto resulta en una conclusión contraria a la opinión de la autoridad formal, y ésta tiene una fuerte convicción de que tal conclusión es contraproducente, su aceptación atenta contra el sentido de responsabilidad y el "*accountability*" (rendición de cuentas) de la autoridad formal.

- En una decisión que afecte significativamente a los participantes tiende a generar bandos dentro del grupo, y luego de la votación la sensación de ganadores y perdedores. Lo que, a su vez, puede provocar una coalición de los perdedores que perjudique la implementación de la decisión, así como también el funcionamiento ulterior del grupo; por ejemplo, los perdedores se aglutinan para ganar la "próxima batalla".

- Aun más, los perdedores pueden quedar con la impresión de que el proceso de discusión previo a la votación no fue el adecuado, y por lo tanto sentirse incomprendidos o, incluso, resentidos.

5. Decisión por consenso

El consenso no necesariamente constituye unanimidad. El consenso existe a pesar de que algunos no estén completamente de acuerdo con la decisión tomada, siempre y cuando ellos:

- Crean que sus opiniones fueron tomadas debidamente en cuenta.

- Si bien piensan que la alternativa elegida no es la mejor, la consideran aceptable.

El consenso tiene la ventaja de que favorece el espíritu de equipo y el compromiso de los participantes con la implementación de la decisión, pero en general consume mucho tiempo.

Una reunión puede desarrollarse con una intención genuina de lograr consenso y, sin embargo, no alcanzarlo debido a diferencias razonables de opinión. En este caso no hay más remedio que apelar legítimamente a otras formas de decisión. A veces se cae en el error de forzar el consenso. Esto, paradójicamente, es autoritario. Claro está que es distinto cuando se manipula el proceso tratando de aparentar la búsqueda de consenso.

6. Decisión por unanimidad

Es lo ideal, pero bastante difícil de lograr. Es raro que todos los participantes de la reunión estén completamente de acuerdo con una decisión. Por eso el consenso suele ser el sustituto adecuado.

Reuniones de intercambio de información

Módulo antecedente 40

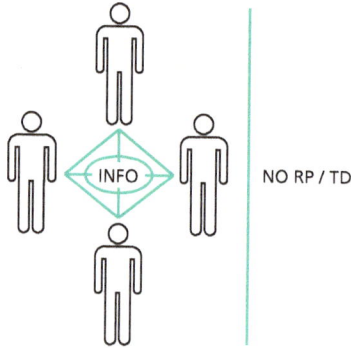

NO RP / TD

M 58 - pág. 150

En este módulo nos referimos a reuniones que se limitan al intercambio de información, sin embarcarse en un proceso de RP/TD. Claro está que ellas pueden disparar tal proceso, pero preferimos enfocarlas como un tipo diferente de reunión, en especial cuando se trata de un flujo abierto de información, no necesariamente orientado a un problema en particular. En general, es conveniente que las reuniones de intercambio de información respondan a las características que se esbozan a continuación.

Si se trata de intercambio recurrente de información entre un grupo estable, es práctico establecer en principio un régimen de reuniones periódicas (mensuales, quincenales, semanales, etcétera), fijando fecha y horario con carácter general. Por ejemplo, el primer lunes (o cualquier otro día de la semana) de cada mes de tal a tal hora; o todos los lunes; o un lunes sí y el siguiente no; etcétera.

En aras de la eficiencia, suele ser deseable que dichas reuniones periódicas sean más bien cortas: de una hora o algo más. Durante su desarrollo puede intercambiarse muchísima información, siempre y cuando se cumplan las pautas siguientes.

En las reuniones de intercambio de información, la comunicación debe ser sintética, sin atentar contra la suficiencia de la información. Cabe hacer preguntas para aclarar o ampliar la información. Pero está fuera de orden ahondar en opiniones orientadas a la RP/TD.

La información puede implicar problemas; pero la reunión de intercambio de información no debe, en principio, sumergirse en resolverlos. Los problemas que surjan deben identificarse como tales para su ulterior tratamiento en otra reunión o por algún otro medio. Si la reunión de intercambio de información se mezcla con una de RP/TD tienden a producirse los siguientes inconvenientes:

- Se desvirtúa el objetivo de la reunión de intercambio de información. Habitualmente, el análisis adecuado de un solo problema determinado consume un tiempo equivalente al que requieren muchos ítems de información. Vale decir que el costo de oportunidad es demasiado alto. Aun más, puede darse el caso de que dicho análisis demande bastante más tiempo que el asignado a la reunión de intercambio de información, y que entonces su inserción intempestiva involucre un tratamiento superficial del problema.

- Es probable que el tratamiento del problema en el momento sea ineficiente; que resulte preferible organizar una reunión posterior, disponiendo de tiempo para planificarla mejor, hacer circular anticipadamente la información pertinente, etcétera. Incluso es frecuente que las personas más indicadas para asistir a la reunión posterior no sean precisamente todas aquellas que están participando en la reunión actual de suministro de información; habrá algunas que se encuentran en ésta pero que no deberían concurrir a aquélla; y viceversa, corresponderá participar en el proceso de RP/TD a personas que están ausentes en la reunión actual.

- Aun en el caso de que las cuestiones señaladas precedentemente no signifiquen un inconveniente serio, es posible que la disposición de los participantes a la reunión de intercambio de información no sea la adecuada para abordar el tratamiento del problema que ha surgido. Puede que algunos estén más ansiosos por dar o recibir cierta información que por embarcarse de inmediato en un proceso de RP/TD para el cual no están objetiva o subjetivamente preparados.

Por otra parte, si el problema surgido requiriese un examen inmediato, debido a su urgencia o por algún otro motivo, siempre cabe el recurso de suspender formalmente la reunión de intercambio de información y encarar a continuación una de toma de decisiones, observando para ello los recaudos correspondientes, incluso cambios en la constitución del grupo.

Reuniones de planeamiento y control

Planeamiento estratégico
Planeamiento de las operaciones
Control de las operaciones
Monitoreo de los proyectos

Entre las reuniones de planeamiento y control cabe distinguir distintos tipos en función de su contenido temático, metodología específica, periodicidad y duración. En el caso de la alta dirección, se pueden diferenciar las siguientes:

- Planeamiento estratégico.

- Planeamiento de las operaciones (revisión y aprobación del presupuesto, fijación de objetivos operativos, etcétera).

- Control de las operaciones (o de "control de gestión" o de control de la marcha del negocio).

- Monitoreo de los proyectos.

Al respecto nos remitimos a los siguientes módulos del libro de la colección Management en Módulos titulado *La toma de decisiones. Principios, procesos y aplicaciones*, de Santiago Lazzati (Granica, 2013):

- PLANEAMIENTO Y CONTROL – CAMPOS.

- PLANEAMIENTO Y CONTROL – CONCEPTOS BÁSICOS.

- PLANEAMIENTO Y CONTROL DE LAS OPERACIONES.

Las reuniones de planeamiento estratégico y las de planeamiento de las operaciones suelen ser pocas al año, pero de larga duración. Las de control de las operaciones y las de monitoreo de los proyectos acostumbran a ser mensuales y de una duración menor (las segundas puede hacerse en forma rotativa, tratando en cada reunión uno o algunos proyectos).

Cada una de dichas clases de reuniones demanda una metodología específica, aunque en sustancia todas ellas responden a la metodología básica de RP/TD .

M 58 - pág. 150 ◀••

Un mismo encuentro puede comprender más de una clase de reunión; por ejemplo, en un solo encuentro mensual primero encarar el control de las operaciones y luego el monitoreo de los proyectos. Lo importante es tener claro de qué tipo se trata y aplicar oportunamente las reglas de juego correspondientes.

Reuniones de resolución de problemas puntuales

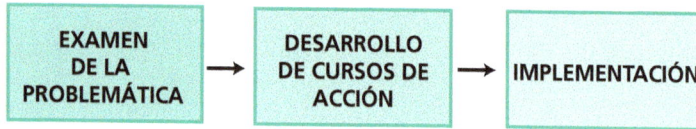

EXAMEN DE LA PROBLEMÁTICA	→	DESARROLLO DE CURSOS DE ACCIÓN	→	IMPLEMENTACIÓN

M 56 - pág. 146   ◀ • •
M 57 - pág. 148   ◀ • •
En el módulo REUNIONES – CLASIFICACIÓN GENERAL señalamos que existen cuatro tipos de reuniones, definidos en relación con su propósito: las de intercambio de información, las de resolución de problemas puntuales, las de planeamiento y control y las especiales. En éste, nos concentraremos en las segundas.

Al respecto nos remitimos a los siguientes módulos del libro de la colección Management en Módulos titulado *La toma de decisiones. Principios, procesos y aplicaciones,* de Santiago Lazzati (Granica, 2013):

- RP/TD – CONCEPTOS FUNDAMENTALES

- RP/TD – METODOLOGÍA GENERAL DEL PROCESO

- RP/TD – RELACIÓN CON EL PLANEAMIENTO

Una reunión de RP/TD puede que abarque las tres etapas o bien dedicarse a una sola de ellas (como parte de un proceso que trasciende ese encuentro). Asimismo, la reunión puede responder a cualquier otra alternativa que combine más de una etapa. Por ejemplo:

- Reunión destinada exclusivamente a cierto análisis de preocupaciones, que consiste en inventariar problemas, establecer prioridades y elegir cuál problema atacar primero, cuál después, y tal vez cuál no atacar ni ahora ni nunca (se supone que en una instancia ulterior se habrán de examinar los problemas seleccionados por dicho análisis).

- Reunión que culmina con una clara definición del problema o los problemas a resolver.

- Reunión para definir el problema y desarrollar cursos de acción, pero dejando el plan de implementación para más adelante.

- Ídem anterior, pero incluyendo el plan de implementación.

- Reunión de desarrollo de cursos de acción a partir de un problema debidamente definido (lo cual no impide que el devenir de la reunión pueda originar un replanteo del problema).

- Reunión para elaborar un plan de implementación. Dentro de esta categoría es dable incluir las denominadas reuniones de coordinación.

- Etcétera.

Preferimos englobar todas estas alternativas dentro de una categoría general de reuniones orientadas a la RP/TD, aunque en la reunión no se recorra todo el proceso, sino que se limite a ciertas etapas. Lo fundamental es que en estas reuniones corresponde aplicar la metodología de RP/TD, total o parcialmente.

En el módulo REUNIONES DE INTERCAMBIO DE INFORMACIÓN destacamos que este tipo de reuniones debe diferenciarse de las de RP/TD. Sin embargo, en el caso de que un grupo determinado se reúna con regularidad para intercambiar información (digamos una vez por semana o cada 15 días), cabe establecer que a continuación se aborden problemas puntuales identificados previamente o que surjan del intercambio de información. Vale decir que en el encuentro se combina el intercambio de información con RP/TD. Aun más, puede haber una agenda que comprenda puntos de intercambio de información y de RP/TD. Pero en este caso es conveniente que al iniciar el tratamiento de cada uno se explicite su propósito: si es sólo intercambio de información o es de RP/TD.

••▶ M 56 - pág. 146

Trabajo en equipo – Ajuste mutuo

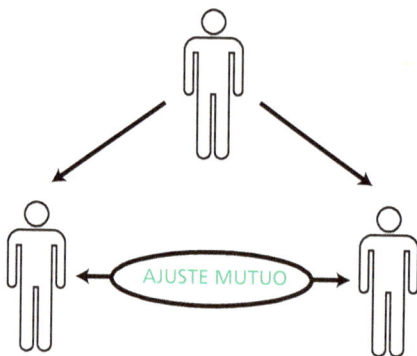

M 63 - pág. 160 ◀••
En el módulo **TRABAJO EN EQUIPO – ATRIBUTOS DEL GRUPO**, en la categoría de "contribución de los miembros", identificamos como un atributo la proactividad de los integrantes del grupo para resolver directamente conflictos entre ellos. Esto implica el llamado "ajuste mutuo", que es uno de los tres mecanismos de coordinación señalados por Henry Mintzberg en su excelente obra *Diseño de las organizaciones eficientes* (El Ateneo, 1989). Para una mejor comprensión, a continuación planteamos la distinción entre el ajuste mutuo y los otros dos mecanismos de coordinación, conforme a lo establecido en dicha obra.

Dada cierta asignación de áreas de responsabilidad, las personas de la organización tienen que coordinar sus acciones, ya sea con miembros de su sector como de otras áreas. Para ello cabe emplear tres mecanismos de coordinación:

- La "supervisión directa" – Apelar a la intervención del jefe u otra autoridad formal superior.

- La "estandarización" – Respetar una normativa establecida.

- El "ajuste mutuo" – Ponerse mutuamente de acuerdo, sin que uno tenga autoridad formal sobre el otro, y sin recurrir a ninguno de los otros dos mecanismos indicados antes.

Existen tres clases de estandarización:

- De "procesos" – Por ejemplo, cierta colaboración entre producción y ventas para resolver un problema con un cliente conforme a políticas y procedimientos establecidos.

- De "destrezas" o competencias – Por ejemplo, una operación quirúrgica en donde el cirujano, el anestesista y la enfermera coordinan perfectamente su actuación, a pesar de intercambiar pocas palabras, porque cada uno sabe muy bien lo que tiene que hacer.

- De "producciones" o productos – Por ejemplo, la prestación de un servicio interno que responde a las especificaciones establecidas.

En el mundo de hoy, el incremento del número y la complejidad de las actividades ha aumentado enormemente la demanda de coordinación. Y, dadas las restricciones naturales del alcance del control que puede tener un jefe y las posibilidades limitadas de la estandarización, la necesidad de ajuste mutuo ha crecido de manera exponencial. Pero la factibilidad de un ajuste mutuo eficaz y eficiente depende muchísimo del grado de trabajo en equipo, tanto intragrupal como intergrupal, como característica social de las personas que va mucho más allá del diseño de la estructura.

Trabajo en equipo – Ajuste mutuo – Barreras

Comportamientos disfuncionales
Del jefe o la autoridad formal
De colaboradores o pares

En el módulo TRABAJO EN EQUIPO – AJUSTE MUTUO planteamos el ajuste mutuo, relacionado con uno de los atributos del trabajo en equipo. En éste, analizaremos ciertas barreras que suelen atentar contra dicho ajuste.

En el texto empleamos convencionalmente la palabra "pares" para referirnos a aquellas relaciones entre dos o más miembros de una organización en las que ninguno tiene autoridad formal sobre el otro o los otros. Los pares pueden pertenecer a un mismo nivel jerárquico, o a distintos niveles; por ejemplo, puede tratarse de la relación entre dos gerentes de nivel 2 o entre un gerente de nivel 2 y un colaborador (nivel 3) de otro gerente de nivel 2.

En las relaciones entre pares que tienen distintas responsabilidades es usual que deban interactuar para encarar un problema común cuya solución puede requerir que uno o más de ellos haga/n ciertas concesiones (en el ejercicio de la influencia, en la utilización de los recursos, etcétera); e incluso, algunas veces, que reconozca/n errores o debilidades. Habitualmente se trata de un problema que ofrece diversos aspectos que cabe identificar, en mayor o en menor grado, con las respectivas áreas de responsabilidad. Por ejemplo, un conflicto con un cliente que afecta tanto al área comercial como a la de producción; o un objetivo de reducción de costos que enfrenta las preferencias operativas con las pautas financieras; o una crisis en un departamento cuya resolución requiere la ayuda de otro departamento; o la necesidad de compartir recursos escasos; o las contribuciones que diversos sectores deben brindar a un proyecto especial; o la típica oposición de intereses que suele plantear una estructura matricial; etcétera.

Muchos de los problemas enunciados son intersectoriales. En efecto, los pares que tienen gente a cargo de hecho están conduciendo un sector de la organización, al mismo tiempo que integran un sector mayor; en general, esta posición intermedia se da en los miembros de la organización que no constituyen la primera ni la última línea. Entonces, quienes ocupan tal posición, cuando interactúan con otros pares, lo hacen normalmente como titulares o representantes del sector que conducen. Y es un dato de la realidad la inclinación que se observa en numerosas personas a preocuparse más por su sector que por la organización tomada en conjunto, lo cual atenta contra la solución adecuada de los problemas intersectoriales.

En los problemas referidos juegan no sólo los pares, sino también la autoridad superior común. En el ejemplo traído del conflicto con el cliente, los pares podrían ser el gerente comercial y el de producción, y la autoridad superior el gerente general. Dados estos actores, existen dos alternativas básicas para resolver el problema:

A. Lo resuelven los pares entre ellos, sin la participación de la autoridad superior.

B. La autoridad superior debe intervenir para resolver el problema. Esta alternativa, a su vez, habrá de tener múltiples variantes: se empezó por A, pero luego debió apelarse a B, la decisión es tomada en forma participativa o autoritaria, etcétera.

La experiencia indica que existe un abuso de B, que puede ocurrir por dos clases de motivos:

1. Los pares no tienen la voluntad, la iniciativa o la habilidad para resolver el problema entre ellos.

2. La autoridad superior, consciente o inconscientemente, permite o fomenta un comportamiento inadecuado de los pares.

Dicho abuso tiende a producir dos consecuencias negativas: la autoridad superior se ve obligada a invertir demasiado tiempo en un arbitraje ineficiente, restándole tiempo para otras funciones más importantes; o la solución de los problemas se difiere indefinidamente, hasta que explotan por alguna circunstancia.

En muchos casos la causa de 1 es el conflicto personal entre los pares, generalmente engendrado en la historia de su relación. Y aquí es habitual que se caiga en una especie de círculo vicioso y paradójico: hay tendencia a que surjan más problemas con quien se mantiene una relación interpersonal insatisfactoria; pero justamente es en el marco de esta clase de relación que hay menor disposición para aproximarse al otro a fin de encarar positivamente la solución de los problemas. Al revés, uno siente más inclinación por acercarse a las personas con quien se lleva mejor, pero es con ellas con las que resulta menos necesario interactuar para resolver problemas. Tal círculo vicioso suele traer aparejado un incremento de barreras defensivas y la evitación de "conversaciones difíciles". Estos comportamientos tienden a eludir el conflicto inmediato, pero son contraproducentes, porque los problemas no se resuelven debidamente y tarde o temprano aflora el conflicto, en peores condiciones.

El síndrome indicado en 1 también puede originarse en otros factores, como los rasgos de personalidad y otras características de los pares, el clima o la cultura de la organización, o el estilo de los superiores. Este último factor se engancha con el motivo señalado en 2.

M 60

En cuanto a este segundo motivo, la causa puede radicar en alguno de los comportamientos siguientes de quien ejerce la autoridad superior:

- No clarificar debidamente su expectativa con relación al comportamiento de sus colaboradores, en el sentido de aplicar A.

- No alinear el sistema de evaluación de desempeño y de premios y castigos con dicha expectativa.

- Ambigüedad evitable en la definición de funciones de los colaboradores (esto modifica el supuesto de que no hay defectos en la estructura organizativa, mencionado más arriba).

- Dificultad para delegar, que por lo común radica en ciertas características personales subyacentes.

- Un estilo de conducción "radial", que acaso sea satisfactorio en el manejo uno a uno con sus colaboradores, pero que descuida la integración entre ellos. O bien, mucho peor, un estilo de *management by conflict*, orientado al "divide y reinarás", que provoca competencia malsana entre los colaboradores y potencia los conflictos entre ellos.

Trabajo en equipo – Ajuste mutuo – Desarrollo

M 61

◀◀
Módulo
antecedente
60

Responsabilidad
Del jefe o la autoridad formal
De colaboradores o pares

En el módulo TRABAJO EN EQUIPO – AJUSTE MUTUO – BARRERAS analizamos los comportamientos disfuncionales de jefes (la "autoridad superior") y sus colaboradores ("los pares") que suelen atentar contra el ajuste mutuo. En éste, brindaremos algunas ideas tendientes a superar dichos comportamientos disfuncionales.

Primero, corresponde formular una aclaración importante: aunque la autoridad superior demuestre limitaciones en determinados aspectos, es responsabilidad de los pares colaborar frente a la situación, sobre todo si pertenecen a un nivel alto en la organización. Esto no quita la responsabilidad primordial de la autoridad superior. El arte del trabajo en equipo radica en cierta medida en que las fortalezas de unos cubran las debilidades de otros. Y esto es válido tanto entre pares como de arriba hacia abajo y de abajo hacia arriba. Por ejemplo, en su gran mayoría los gerentes valiosos o exitosos son excelentes para ciertas cosas y no para otras; por lo tanto, los buenos colaboradores deben ayudar a su jefe para enriquecer el conjunto. Esto, claro está, dentro de ciertos límites.

La gestión del cambio orientada al desarrollo del ajuste mutuo puede comprender diversas intervenciones, incluyendo actividades grupales de capacitación presencial y también el coaching individual. En este orden, deben tenerse en cuenta los temas de liderazgo, comunicación efectiva, desarrollo del trabajo en equipo, reducción de barreras defensivas, cómo encarar las conversaciones difíciles, etcétera. Con respecto a la autoridad superior puede ser apropiado lo relativo a mejorar la delegación.

Además de las intervenciones indicadas en el párrafo precedente, es fundamental que la autoridad superior proceda de la siguiente manera:

- Establecer reglas de juego bien claras dirigidas a que los pares resuelvan problemas entre ellos, sin la participación de la autoridad superior. Esto incluye que cualquiera de los pares involucrados debe tomar la iniciativa para abordar el problema en cuestión y hacer el seguimiento correspondiente, más allá de la actitud de la otra parte; por ejemplo, si uno pidió algo y el otro demora en responder, en algún punto del proceso debe formular el reclamo correspondiente. No necesariamente es válido justificarse diciendo: "lo pedí y lo estoy esperando". Vale decir que la falla de una de las partes no releva a la otra de su propia responsabilidad.

- Ser completamente coherente con dichas reglas de juego, en la predica con el ejemplo, en la evaluación de desempeño y en la aplicación efectiva de premios y castigos.

Lo antedicho no garantiza el cambio deseado. De todos modos, es conveniente encararlo apelando no sólo a los conocimientos y a la motivación intrínseca, sino también a la motivación extrínseca en la medida necesaria. Los pares deben entender muy bien que su responsabilidad es resolver los problemas referidos, superando sus preferencias y conflictos personales. Y que, en general, es apropiado recurrir a la autoridad superior sólo después de haber agotado las demás posibilidades. Cuanto más alto es el nivel de los pares, más fuerte debe ser el compromiso en este sentido.

Por su lado, la autoridad superior no debe permitir resquicios al respecto. Esto entraña el liderazgo situacional: emplear un comportamiento democrático en tanto la madurez de los colaboradores lo permita, pero recurrir a un comportamiento directivo cuando sea menester. En algunas circunstancias, la influencia del líder sobre el grado del trabajo en equipo de sus colaboradores no pasa por evitar el conflicto, sino por afrontarlo debidamente, lo cual incluye adoptar posiciones firmes frente a conductas que atentan contra el trabajo en equipo.

Por otra parte, el ajuste mutuo se ve favorecido por las buenas relaciones entre los miembros de un mismo grupo o de distintos grupos, aspecto que tratamos en los módulos TRABAJO EN EQUIPO INTRAGRUPAL – DESARROLLO y TRABAJO EN EQUIPO INTERGRUPAL – DESARROLLO.

M 75 - pág. 192 ◀••
M 74 - pág. 189 ◀••

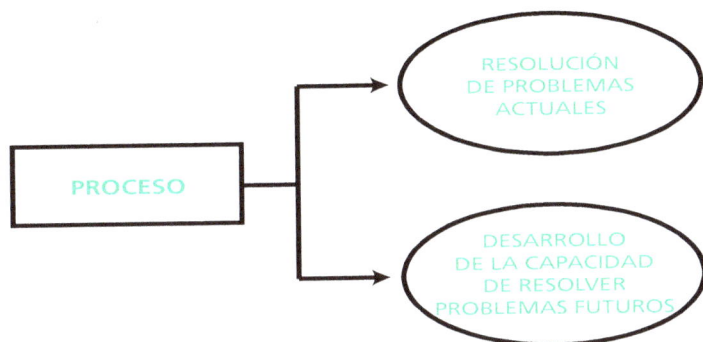

El aprendizaje en equipo ocurre cuando los miembros del grupo, al mismo tiempo que resuelven sus problemas actuales, desarrollan positivamente su capacidad de resolver problemas futuros. La idea es maximizar el aprendizaje personal como parte de la actividad grupal, para beneficio tanto de los individuos como del grupo y de la organización tomada en conjunto. Este concepto tiene mucho que ver con los desarrollados por Peter Senge en su obra *La quinta disciplina* (Granica, 1992), que comprenden el pensamiento sistémico, el dominio personal, el manejo adecuado de los modelos mentales, la visión compartida y el aprendizaje en equipo.

Para favorecer el trabajo en equipo es importante aplicar las pautas siguientes, que son tratadas en los respectivos módulos de comunicación, en esta misma obra:

- Distinguir los **actos del habla** y proceder en consecuencia. ••▶ M 01 - pág. 30

- Reducir las **barreras defensivas o RICs** . ••▶ M 03 - pág. 36

- Lograr un adecuado equilibrio entre **conductas asertiva y receptiva**, así como también entre diálogo y discusión. ••▶ M 05 - pág. 41

- Tomar debidamente en cuenta nuestro **marco mental** y los de nuestros interlocutores. ••▶ M 18 - pág. 64

- **Orientarse a la acción**. Ésta trae experiencia. Y la reflexión acerca de la comparación entre lo propuesto y lo ocurrido constituye una fuente fundamental de aprendizaje. Se trata del aprendizaje basado en la acción (*"action learning"*); o sea, la integración entre la teoría y la práctica. ••▶ M 09 - pág. 48

63. Trabajo en equipo – Atributos del grupo

CONTRIBUCIÓN

COHESIÓN

COMUNICACIÓN

En el módulo **TRABAJO EN EQUIPO – CONCEPTOS BÁSICOS** señalamos que los "atributos" constituyen las propiedades que *per se* definen si un grupo trabaja o no en equipo. Dentro de los atributos cabe distinguir tres grandes categorías:

A. La comunicación entre los miembros del grupo.

B. La cohesión del grupo.

C. La contribución de los miembros.

Existen otras condiciones del grupo que pueden afectar el trabajo en equipo. Pero no se trata de atributos que de por sí indique el grado de trabajo en equipo, sino de factores que puedan afectarlo, dependiendo de la situación. Los analizaremos en el módulo respectivo.

A continuación, trataremos dichas categorías.

A. Comunicación entre los miembros del grupo

Esta categoría comprende los siguientes atributos:

1. Confianza mutua.

2. Respeto mutuo.

3. Cordialidad.

4. Asertividad.

5. Receptividad (incluye la escucha).

6. Transparencia personal en la comunicación (lo opuesto a barreras defensivas).

7. Suministro de feedback efectivo.

8. Libertad para opinar sobre los sectores de otros miembros.

9. Ambiente favorable para el disenso.

10. Manejo constructivo del conflicto.

En el módulo COMUNICACIÓN – DECÁLOGO definimos estos diez atributos.   ••▶   M 06 - pág. 43

Adicionalmente, en otros módulos profundizamos algunos de ellos:

- Los indicados en 4 y 5, en los módulos COMUNICACIÓN – CONDUCTAS   ••▶   M 05 - pág. 41
  ASERTIVA Y RECEPTIVA y COMUNICACIÓN – DIÁLOGO Y DISCUSIÓN.   ••▶   M 07 - pág. 45

- El indicado en 6, en COMUNICACIÓN – BARRERAS DEFENSIVAS O "RICs".   ••▶   M 03 - pág. 36

- El indicado en 7, en COMUNICACIÓN – FEEDBACK – CONCEPTOS BÁSICOS.   ••▶   M 13 - pág. 55

Con relación a un ambiente favorable para el disenso, alguien dijo algo paradó-jico: "la pretensión de consenso a ultranza implica un comportamiento autori-tario". Los miembros del grupo deben sentirse libres para discrepar conforme a sus convicciones. Esto potencia la capacidad del grupo. Se trata de evitar el famoso síndrome del "group-*thinking*" (pensamiento de grupo).

En las organizaciones, como en muchos otros órdenes de la vida, el conflicto es inevitable. Aun más, cierto grado o tipo de conflicto es provechoso. Pero a partir de un punto el conflicto suele atentar contra la comunicación, y minar las bases de la confianza y el respeto. Además, es importante cómo se maneja el conflicto: si se lo reconoce abiertamente, si se lo encara de manera positiva, etcétera.

Tanto la comunicación en general como el conflicto en particular dependen pro-fundamente de los supuestos básicos que cada uno tiene acerca de su relación con los demás. En este orden, la confianza y el respeto son dos factores clave.

Todos los aspectos mencionados se influyen mutuamente, dando lugar a círculos viciosos o virtuosos. Por ejemplo, el conflicto puede atentar contra la confianza, y esto a su vez deteriorar la comunicación. Pero, por otra parte, una mala comu-nicación puede generar desconfianza o provocar un conflicto inesperado.

B. Cohesión del grupo

Esta categoría comprende los atributos siguientes:

1. Objetivos compartidos entre los miembros.

2. Intereses, valores y creencias de los miembros inherentes a la problemática del grupo que sean compatibles entre sí.

3. Compromiso/motivación de los miembros con la tarea a realizar.

4. Rendición de cuentas de cada uno de los miembros al resto del grupo.

5. Satisfacción/orgullo de los miembros por pertenecer al grupo.

M 63

Los primeros dos atributos merecen sendos comentarios adicionales:

- El concepto de objetivos compartidos abarca no sólo los objetivos específicos o metas, sino también, por una parte, la misión general del grupo, que enmarca sus objetivos, y por otra parte las estrategias para lograr los objetivos. Además, una cosa es la calidad de dichos elementos (misión, objetivos y estrategias) y otra que los miembros del grupo estén de acuerdo con ellos (pueden ser muy buenos pero no ser compartidos).

- El atributo de objetivos compartidos es necesario pero no suficiente. Es importante también que sean compatibles los intereses, valores y creencias personales de cada uno de los miembros del grupo. Estos pueden declarar de buena fe que están muy de acuerdo con los objetivos del grupo, pero la dinámica de los problemas que deben afrontar puede derivar en conflictos negativos si median objetivos personales incompatibles, intereses contrapuestos, valores inconciliables o creencias antinómicas.

C. Contribución de los miembros

Esta categoría comprende los atributos siguientes:

1. Aprovechamiento efectivo de las fortalezas individuales de los miembros.

2. Sinergia (en vez de enfrentamiento) entre las diferencias de estilos personales.

3. Participación de los miembros en el proceso de resolución de problemas y toma de decisiones.

4. Cooperación entre los miembros.

5. Liderazgo de los miembros del grupo (y no sólo del "jefe").

6. Proactividad de los miembros del grupo para resolver directamente conflictos entre ellos.

7. Procesos que favorecen el aprendizaje en equipo.

8. Energía/entusiasmo de los miembros en la realización de la tarea.

9. Búsqueda de la excelencia en la realización de la tarea.

10. Orientación a resultados.

11. Orientación al cliente.

12. Actitud positiva.

13. Fomento/apoyo de la innovación.

Algunos de estos atributos no requieren mayor explicación, pero otros merecen ciertos comentarios adicionales:

- Las fortalezas referidas en 1 forman parte de los recursos del grupo, pero puede ocurrir que el grupo no las aproveche plenamente. El aprovechamiento integral de dichas fortalezas es precisamente uno de los atributos que convierten a un grupo en un equipo.

- En relación con 2, ver el módulo TRABAJO EN EQUIPO – ESTILOS PERSONALES. ••▶ M 66 - pág. 169

- En cuanto a 3, ver el módulo REUNIONES DE RESOLUCIÓN DE PROBLEMAS PUNTUALES. ••▶ M 58 - pág. 150

- La cooperación señalada en 4 se refiere a si la gente se ayuda mutuamente, si la interacción genera sinergia en favor de todos, etcétera; o si, por el contrario, predomina la falta de colaboración, la rivalidad personal, la competencia malsana, el "quintismo" entre los sectores, etcétera. La cooperación está muy ligada con el nivel de conflicto y su manejo.

- Con respecto a 6, ver el módulo TRABAJO EN EQUIPO – AJUSTE MUTUO – DESARROLLO. ••▶ M 61 - pág. 157

- En relación con 7, ver el módulo TRABAJO EN EQUIPO – APRENDIZAJE. ••▶ M 62 - pág. 159

- La actitud positiva indicada en 12 se refiere tanto al enfoque del pasado como al del futuro. En este orden, es preferible ser indulgente con el pasado, pero exigente con el futuro. Sin embargo, a veces las personas hacen lo contrario: se atormentan con el pasado y no son exigentes con el futuro. Esto tiene que ver con las alternativas de optimismo vs. pesimismo y de interacciones positivas vs. negativas, así como también con la indagación apreciativa, temas que tratamos en los módulos respectivos de comunicación. ••▶ M 19 - pág. 66
••▶ M 17 - pág. 62
••▶ M 16 - pág. 60

M 64 — Trabajo en equipo – Comportamientos positivos y negativos

COMPORTAMIENTOS POSITIVOS	COMPORTAMIENTOS NEGATIVOS
Apoyo	Hacer callar
Confrontación	Analizar o etiquetar
Portero	Dominar
Mediación	Decir "sí, pero..."
Armonización	Enfatizar lo negativo
Síntesis	
El valor de escuchar	
Observación del proceso	

Comportamientos positivos

Thomas L. Quick, en su obra *Successful Team Building* (Amacom, 1992), examina los comportamientos positivos que contribuyen no sólo al logro de los objetivos corrientes fijados por el grupo, sino también a la mejora sostenida de la operatoria del equipo en el largo plazo. Algunos de esos comportamientos son:

1. *Apoyo* – Incluye no sólo reforzar el punto de vista del otro, sino también brindar apoyo (reconocimiento, aliento, simpatía, etcétera) a la otra persona.

2. *Confrontación* – No se refiere a la confrontación personal, en sentido peyorativo, sino a la confrontación de ideas, respetando al otro pero buscando la realidad, pretendiendo la mejor decisión. Este concepto está de acuerdo con uno de los principios básicos que los autores Blake y Mouton atribuyen al estilo único mejor, el 9.9, que indicamos en la sección precedente sobre liderazgo y trabajo en equipo.

M 07 - pág. 45

3. *Portero* – Se refiere a aquellas personas que con un estilo conciliador tienen la capacidad de ayudar a "abrir" el diálogo cuando algún miembro del equipo tiene un estilo más asertivo que otros y llega a monopolizar una discusión.

4. *Mediación* – Se observa cuando un integrante, que no participó en un debate donde las posiciones son muy encontradas y no se ven puntos de acercamiento, interviene para esclarecer y no para arbitrar. Primero, pide permiso para interpretar cada posición, y luego procede a hacer la interpretación de cada parte en el argumento. Después de cada interpretación, el integrante mediador pregunta si su versión es fiel reflejo del argumento del disputador. Éste, entonces, tendrá oportunidad de revisar o corregir. La intervención puede clarificar las verdaderas diferencias y áreas de acuerdo con lo que ninguna de las partes haya percibido. También los demás integrantes del grupo tienen la oportunidad de discutir los puntos conflictivos. Los grupos pueden empantanarse en un debate; la mediación puede liberar la discusión del atolladero e impulsarla hacia adelante.

164

5. *Armonización* – También durante un desacuerdo muy acalorado, los disputadores pueden estar tan absortos en "sacar puntaje" para sí mismos y contra su adversario que no se dan cuenta de los aspectos en los que están de acuerdo. Quizá simplemente usan términos distintos. Un interventor resume los distintos puntos de vista para demostrar que las diferencias son, en realidad, muy pequeñas. Luego invita a los demás miembros del equipo a ayudar a los debatientes a construir sobre las áreas de acuerdo con lo que no habían percibido durante la intensa discusión.

6. *Síntesis* – Tiene lugar cuando un integrante interviene para resumir lo discutido hasta ese momento. Es muy necesario, especialmente cuando un grupo se encuentra perdido entre los detalles o los distintos puntos de vista, en una gran confusión. Por ello, esta síntesis brinda al grupo un espacio para recobrar el aliento. Y un buen resumen clarifica por lo menos parte de la confusión. Además, puede restaurar la confianza del grupo en sí mismo por demostrar que se ha progresado más que lo que cualquiera de ellos hubiera pensado. El resultado también proporciona puntos concretos que servirán de fundamento para el trabajo que resta por hacer.

7. *Observación del proceso* – Cuando una persona actúa como observador obliga al grupo a examinar su propio funcionamiento, algo que el grupo no hubiera hecho sin la advertencia, quizá sólo por estar tan enfrascado en los detalles que no alcanzaría a ver el panorama entero.

   La observación del proceso no es una función meramente negativa. Cuando el grupo trabaja con eficacia, la retroalimentación sobre lo que hace bien le será muy útil, pues sus miembros podrán repetir el comportamiento constructivo.

8. *El valor de escuchar* – Es esencial para el éxito de cualquier grupo. Todo miembro del grupo necesita, en todo momento, darse cuenta de la gran importancia de escuchar lo que los demás dicen. Lamentablemente, escuchar exige concentración y compromiso. Puede constituir un trabajo muy arduo. La mayoría de la gente no sabe cómo escuchar bien. Deberá autoeducarse en esta habilidad importante. Está tan absorta en sus propias agendas y puntos de vista que se cierra a las ideas y quehaceres de los demás. Se pone a la defensiva cuando sus opiniones se cuestionan, y esta actitud mental no conduce a la receptividad y la objetividad. Si la gente escucha sólo lo que prefiere escuchar, quedará presa de emociones tan intensas que su capacidad de escuchar será totalmente bloqueada.

••▶ M 10 - pág. 50

Se pierde mucho tiempo grupal cuando la gente responde a lo que cree que ha escuchado, sin controlar si lo que piensa que escuchó es lo que su interlocutor quiso expresar.

Comportamientos negativos

En la misma obra de Quick también se analizan aquellos comportamientos que subvierten el normal funcionamiento del equipo, que pueden ser destructivos, minando la posibilidad de que el grupo pueda convertirse en equipo. Algunos de ellos son:

M 64

M 05 - pág. 41 ◀••

1. *Hacer callar* – Se manifiesta de varias formas. Una puede ser cuando se cambia de tema o utilizando el humor con sorna. Un método grotesco de hacer callar consiste en que los demás participantes en la discusión no hagan caso al que les está hablando. Algunas personas, cuando se las silencia, se enojan e irrumpen en la discusión para quejarse, a menudo dando lugar a un argumento. Otras se apartan, crean barreras o intentan vengarse.

M 13 - pág. 55 ◀••

2. *Analizar o etiquetar* – Cuando alguien pone etiquetas en el comportamiento de otros o trata de describir sus actitudes o motivos, amenaza con una discusión alejada de la central, donde se disputa si el análisis o la etiqueta son justificados. Además, el toma y daca se degenera con demasiada facilidad en acusaciones mutuas.

M 36 - pág. 100 ◀••

3. *Dominar* – Al dominador le gusta copar la discusión, quiere influir en los demás y puede tratar de lograr esta meta con mano muy pesada. El problema del grupo consiste en que al dominador normalmente le interesan poco las metas del grupo, pues está centrado en su agenda personal. Cuando el dominador se hace cargo, la participación escasea. Y el grupo no aprovecha el valor total de sus recursos.

4. *Decir "sí, pero…"* – Esta expresión puede ser presentada con una habilidad refinada que dificulta su detección; por ello las discusiones entre los miembros del grupo son las más eficaces cuando comunican mensajes claros, libres de ambigüedades. La respuesta del "sí, pero…" parece decir una cosa pero en realidad significa otra.

M 01 - pág. 30 ◀••

M 17 - pág. 62 ◀••

5. *Enfatizar lo negativo* – En muchos grupos hay una persona que se declara el "abogado del diablo" y cumple la función de asegurar que se divulgue todo lo erróneo o malo que puede contener la idea de otra persona. Lamentablemente, el "no" tiene un poder desproporcionado en muchas deliberaciones.

Trabajo en equipo – Conceptos básicos

```
                    ┌─────────────┐
                    │    GRUPO    │
                    └──────┬──────┘
                           │
        ┌──┐         ◇──────────────◇        ┌──┐
        │SÍ│────────◇  ¿Posee ciertos ◇──────│NO│
        └┬─┘         ◇   atributos?   ◇      └─┬┘
         │            ◇──────────────◇         │
┌────────┴────────┐                  ┌─────────┴────────┐
│   TRABAJO EN    │                  │      MERO        │
│     EQUIPO      │                  │     GRUPO        │
└─────────────────┘                  └──────────────────┘
```

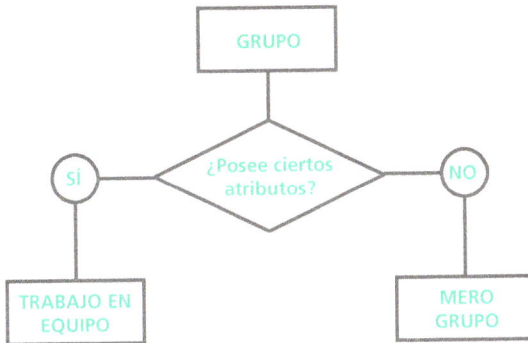

La relación entre el concepto de grupo y el concepto de equipo es de género a especie, en donde el grupo es el género y el equipo es la especie. Un equipo siempre es un grupo. Pero no todos los grupos constituyen un equipo, para que eso suceda, deben reunir ciertas características.

Cuando la gente emplea la palabra equipo, suele hacerlo en dos sentidos diferentes, uno específico y el otro amplio:

1. En sentido específico se utiliza la palabra equipo en línea con lo dicho en el párrafo precedente, dando a entender que el grupo posee ciertos atributos que no son comunes a todos los grupos.

2. En sentido lato se usa la palabra equipo como sinónimo de grupo. Por ejemplo, cuando se habla de un equipo de proyecto, pero daría lo mismo decir grupo de proyecto, porque no se pretende significar que el grupo tiene dichos atributos diferenciales.

En este texto nos interesa el concepto de equipo en su sentido específico. En general, hablamos de atributos del trabajo en equipo. Pero igualmente podríamos referirnos a atributos del equipo. Porque en el sentido específico que señalamos, un equipo es un grupo que trabaja en equipo, y no cualquier grupo.

Muchos autores han enunciado las propiedades de los grupos eficaces o del trabajo en equipo. Los enunciados van desde unos pocos atributos hasta una cantidad numerosa de ellos. Sin embargo, no hay tanta disparidad como puede parecer. La diferencia radica más bien en cómo agrupar conceptos y en el alcance que se otorga a cada palabra. En nuestra opinión, las condiciones del trabajo en equipo pueden agruparse en dos grandes categorías:

- Los **atributos inherentes al trabajo en equipo**; o sea, los que *per se* definen si el grupo trabaja o no en equipo.   ••▶   M 63 - pág. 160

M 65

M 68 - pág. 174 ◀••

- Los **factores del grupo que pueden afectar el trabajo en equipo.** No se trata de atributos que indican de por sí el grado de trabajo en equipo. Su análisis suele ser pertinente para identificar causas de problemas relativos al trabajo en equipo.

INTEGRACIÓN

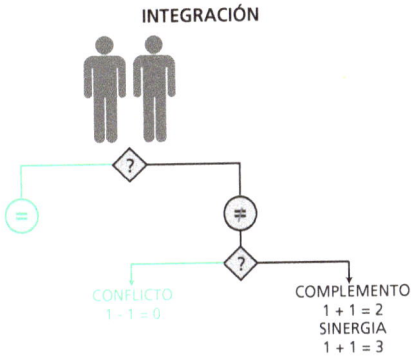

CONFLICTO
1 - 1 = 0

COMPLEMENTO
1 + 1 = 2
SINERGIA
1 + 1 = 3

En el ámbito de las organizaciones se suele emplear la expresión "estilo personal" como sinónimo de lo que en psicología se denomina "rasgo de personalidad", definido como una tendencia distintiva a comportarse de cierta manera, inclinación que es consistente en el tiempo y ante distintas situaciones. En otras palabras, es la inclinación estructural a repetir patrones de conducta, más allá de los condicionamientos situacionales. Por ejemplo, si alguien se emociona a raíz de un acontecimiento verdaderamente conmovedor, este hecho por sí solo no justifica inferir que esa persona es emotiva. Sin embargo, si se emociona intensamente, con suma facilidad, en repetidas ocasiones y frente a sucesos disímiles, entonces sí cabe interpretar que posee ese rasgo.

El reconocimiento de los rasgos invita a la agrupación de aquellas personas que en líneas generales manifiestan tendencias comunes, sin negar, en absoluto, que cada individuo es diferente de los demás. Se han desarrollado múltiples modelos de clasificación de personas en función de sus rasgos. A continuación hacemos referencia a dos de los más reconocidos, que están respaldados por importantes y valiosos trabajos de investigación.

- El modelo de los cinco grandes factores, que resulta de cierto consenso de los teóricos del rasgo, propone cinco categorías básicas de la personalidad humana: estabilidad emocional (lo opuesto a *neuroticismo*), extraversión, apertura a la experiencia, afabilidad o cordialidad, y conciencia o responsabilidad.

- El modelo de los 16 factores de la personalidad, que se abrevia con la sigla "16 PF" (*personality factors*), desarrollado por Raymond Cattell.

Ambos modelos disponen de instrumentos o cuestionarios. Las respuestas, debidamente procesadas, indican la medida en que una persona posee cada uno de los rasgos, conforme al modelo. El cuestionario de los cinco grandes factores se denomina "Inventario NEO-PI" y el de los 16 factores de Cattell, "16 PF".

En el campo de las organizaciones se utilizan diversos modelos que acostumbran denominarse de "estilos personales", cuyo significado es similar a los de rasgos. El más aplicado y reconocido es el de Myers Briggs, elaborado por Catherine Briggs y su hija Isabel Briggs Myers, sobre la base de los tipos psicológicos identificados por Carl Jung. Pero también se han usado y continúan usando muchos otros modelos. En el Capítulo 5 del libro *El cambio del comportamiento en el trabajo*, de Santiago Lazzati (Granica, 2008), se ofrece una reseña del modelo de Myers-Briggs y de algunos otros que emplean las organizaciones.

Claro está que el comportamiento de una persona depende no sólo de sus rasgos de personalidad, sino también de otros factores internos (conocimientos, valores y creencias, inteligencia, estado de ánimo, etcétera) y externos (el contexto).

Todos los modelos de rasgos o estilos comprenden ciertas dimensiones que caracterizan a la persona. Cada dimensión se puede presentar de dos maneras: como un continuo de una propiedad que refleja distintos grados de ella, o como un par de opuestos. Por ejemplo, si la propiedad es extraversión, la persona es ubicable en un rango que va desde puntaje muy alto a puntaje muy bajo; o bien se parte de la distinción entre extravertido e introvertido, en donde también cabe medir la intensidad de cualquiera de los dos opuestos. En sustancia, ambas maneras son similares, porque el puntaje bajo en el esquema del continuo viene a significar el opuesto respectivo. Por ejemplo, un puntaje bajo en el continuo de extraversión implica lo opuesto: introversión.

Cada dimensión entraña dos "*clusters*" que comprenden múltiples características. Por ejemplo, en el campo de la extraversión: orientado al mundo exterior, sociable, expresivo, etcétera; y en el de la introversión: orientado al mundo interior, reservado, reflexivo, etcétera. Sin embargo, una persona no necesariamente posee todas las características correspondientes al *cluster* con el cual se identifica; por ejemplo, un introvertido puede ser una persona poco sociable, pero cuando está con gente es expresiva. Cuanto más se den en la persona las características de un mismo cluster significará que su rasgo o estilo es más marcado.

La mayoría de las características que componen un cluster no implican, en términos generales, bueno o malo, ni mejor ni peor. Claro está que ciertas características son más favorables que otras para determinadas tareas o situaciones. Y también que características positivas empleadas indebidamente en circunstancias particulares pueden resultar negativas. Aquí cabe la expresión de que "la mayoría de nuestros defectos son exageraciones de nuestras virtudes". Todos los rasgos o estilos tienen sus fortalezas y debilidades, sus ventajas y desventajas o riesgos. Lo inteligente es aprovechar las fortalezas y minimizar el efecto negativo de las debilidades. De lo antedicho se desprende que el mayor beneficio de comprender los rasgos o estilos personales no es para apresurar juicios de valor, sino para darnos cuenta de que somos diferentes y que poseemos capacidades distintas.

En general, un grupo compuesto por personas de distintos estilos es más rico que uno compuesto por personas de un mismo estilo. Sin embargo, las diferencias de estilo en determinada dimensión (por ejemplo, entre una persona conservadora y otra abierta a nuevas experiencias) suelen tender al conflicto, cuando una juzga a la otra sobre la base de sus propios parámetros, actitud bastante común. Por ello, el arte de trabajar en equipo requiere mucho complemento entre "los diferentes", en lugar de caer en conflictos personales, a pesar de dicha tendencia al conflicto. Aquí es muy aplicable la máxima de "conócete a ti mismo y comprende a los demás".

Trabajo en equipo –
Etapas en su desarrollo

ATRIBUTOS	DESARROLLO DE LOS ATRIBUTOS			
	BAJO $\longleftrightarrow$ ALTO			
	ETAPAS			
	Formación del grupo	Conflicto	Mejora significativa	Optimización
1				
2				
3				
Etc.				

Se han elaborado diversos modelos que pretenden caracterizar las etapas típicas del desarrollo de los grupos, desde su constitución inicial hasta la concreción de un trabajo en equipo con todos sus atributos a pleno y logrando un desempeño sobresaliente. En sustancia, estos modelos distinguen las etapas en función del grado de desarrollo de los atributos seleccionados por el modelo, y tomando en cuenta ciertas situaciones que normalmente se dan en cada etapa.

M 63 - pág. 160

A continuación reseñamos nuestra visión de las etapas típicas de un grupo en cuanto al trabajo en equipo. A grandes rasgos concuerda con la propuesta de otros modelos, incluidas las etapas indicadas en TRABAJO EN EQUIPO – MODELO DE BLANCHARD.

M 78 - pág. 198

Cabe destacar que un grupo no necesariamente avanza a través de dichas etapas. Puede que se detenga en cualquiera de ellas. En especial, no suele ser fácil la superación de conflictos personales que resulta necesaria para pasar de la segunda a la tercera etapa, y el desarrollo de ciertos atributos importantes para pasar de la tercera a la cuarta.

Formación del grupo

En esta etapa inicial el grupo es un conjunto de individuos convocados, cada uno con sus inquietudes y expectativas personales. En ellos existe incertidumbre acerca de objetivos específicos, responsabilidades, roles, normativa, etcétera. Se pone en marcha la tarea en común, pero naturalmente se carece de muchos de los atributos del trabajo en equipo. Puede que al principio se den algunos atributos de comunicación como respeto mutuo, cordialidad, etcétera. Sin embargo, todavía no ha mediado el tiempo necesario para construir confianza mutua, y es probable que tienda a evitarse el conflicto.

M 06 - pág. 43

Conflicto

A medida que trabajan juntos, los miembros del grupo van superando incertidumbres. Pero justamente la interacción, positiva en dicho sentido, abre la puerta a conflictos: entre los miembros del grupo, y entre sus expectativas y la realidad. Y esto suele generar desmotivación, insatisfacción, frustración, reacciones negativas, sensación de incompetencia, etcétera. En esta etapa el funcionamiento del grupo depende mucho de su líder o responsable.

Mejora significativa

Se van solucionando los conflictos. Los miembros del grupo se comprenden más entre ellos. Se desarrollan los **atributos del trabajo en equipo**, pero aún no plenamente. M 63 - pág. 160

Optimización

El grupo alcanza enteramente los **atributos del trabajo en equipo** y logra un alto rendimiento. Aquí cabe destacar ciertos atributos que son más difíciles de lograr: reducción de barreras defensivas, suministro de feedback efectivo, libertad para opinar sobre los sectores de otros miembros, ambiente favorable para el disenso, manejo constructivo del conflicto, sinergia (en vez de enfrentamiento) entre las diferencias de estilos personales, liderazgo compartido (y no sólo del líder o responsable del grupo) y aprendizaje en equipo. M 63 - pág. 160

Trabajo en equipo – Factores que pueden afectarlo

Factores internos del grupo
Factores de la organización
Otros factores

M 64 - pág. 164 ◀•• No se trata de atributos que de por sí reflejan el grado de trabajo en equipo, sino de factores que pueden afectar dichos atributos de manera positiva o negativa. Su análisis suele ser pertinente para identificar las causas de los problemas. En muchos casos, si el elemento en cuestión es apropiado habrá de favorecer el trabajo en equipo, y viceversa; por ejemplo, si las reuniones son improductivas o se carece de recursos, puede que se genere un ambiente desagradable que atente contra el trabajo en equipo. En otros casos, aunque el elemento en cuestión sea apropiado, cabe que entrañe una problemática que haga más complejo el trabajo en equipo; por ejemplo, las diferencias de estilos personales.

I. FACTORES INTERNOS DEL GRUPO

A. Características de los miembros del grupo

1. Competencias.

2. Estilos personales.

B. Estrategia / Planeamiento estratégico

1. Proceso de planeamiento estratégico del área de responsabilidad del grupo.

C. Estructura

Adecuada asignación de responsabilidades y tareas entre los miembros del grupo.

D. Sistemas / Procesos

1. Sistema de evaluación y recompensas (explícito o implícito) establecido por el propio grupo.

2. Inducción/integración de los nuevos miembros.

3. Capacitación de los miembros.

4. Planeamiento y control de las operaciones; especialmente la integración de los objetivos y actividades de los miembros del grupo.

5. Empleo de metodologías para optimizar los procesos (de resolución de problemas y toma de decisiones, y otros).

6. Planeamiento, ejecución y seguimiento de las reuniones.

7. Autoevaluación sistemática del funcionamiento del grupo como equipo (acompañada del suministro correspondiente de feedback y la elaboración de planes de acción para mejorar).

E. Recursos del grupo

1. Información.

2. Financieros.

3. Físicos.

4. Tecnológicos.

II. FACTORES DE LA ORGANIZACIÓN

A. Factores humanos

1. Clima de las relaciones con otros grupos de la organización.

2. Contribución necesaria de otros miembros de la organización.

3. Cultura de la organización.

B. Estrategia

1. Alineamiento del grupo con la estrategia de la organización.

C. Estructura

1. Formas de la estructura de la organización que pueden hacer más dificultoso el trabajo en equipo; por ejemplo, estructura matricial o grupos intersectoriales de proyectos que implican conflictos por la dedicación de tiempo de sus integrantes.

D. Sistemas / Procesos

1. Sistema de evaluación y recompensas de la organización. Éste suele ser un factor muy relevante en cuanto a la importancia relativa de lo individual y lo grupal en el régimen de premios y castigos.

2. Otros sistemas/procesos: de planeamiento y control de las operaciones, de gestión de los recursos humanos, de información, etcétera; por ejemplo, la

M 68

presión derivada de la fijación de objetivos demasiado ambiciosos puede crear un clima contraproducente para el trabajo en equipo.

III. OTROS FACTORES

A. Entorno de la organización

Ciertos factores del macroentorno mundial, regional o nacional (económicos, políticos, legales, culturales, demográficos y tecnológicos) pueden afectar el grado de trabajo en equipo; por ejemplo, la relación entre los jóvenes de la generación Y y los miembros de otra generación. También puede ejercer influencia el ramo del negocio (con su mercado actual y potencial, sus rasgos económicos, sus características tecnológicas, sus condiciones competitivas, sus regulaciones, etcétera) y la relación con los actores cercanos (clientes, propietarios, proveedores, comunidad y competidores); por ejemplo, distintas reacciones de los miembros del grupo frente a demandas de cualquiera de estos actores.

B. Historia

La historia de las relaciones entre los miembros del grupo, y sus consecuencias en materia de afinidad o conflicto personal, pueden afectar significativamente su predisposición al trabajo en equipo.

Trabajo en equipo – Funciones del gerente del grupo

AUTORIDAD FORMAL
Comportamientos puntuales que favorecen los atributos del grupo
Ejecución de procesos gerenciales estrechamente relacionados con el trabajo en equipo
Gestión del cambio de las condiciones del grupo

En este módulo queremos concentrarnos en las funciones de quien tiene la autoridad formal dentro del grupo. Con relación a esto, preferimos emplear la palabra "gerente" y no "líder", porque el liderazgo no constituye una posición, sino la capacidad de influencia interpersonal que puede ser ejercida tanto por el gerente como por cualquiera de sus colaboradores. Claro está que el liderazgo del gerente habrá de contribuir favorablemente al cumplimiento de dichas funciones.

En el módulo TRABAJO EN EQUIPO – ATRIBUTOS DEL GRUPO identificamos 28 atributos agrupados en tres categorías:

M 63 - pág. 160

A. La comunicación entre los miembros (10 atributos).

B. La cohesión del grupo (5 atributos).

C. La contribución de los miembros (13 atributos).

En el Anexo, bajo el título I "COMPORTAMIENTOS PUNTUALES QUE FAVORECEN LOS ATRIBUTOS DEL GRUPO", indicamos los comportamientos del gerente que favorecen tales atributos. Además, sobre la base del módulo TRABAJO EN EQUIPO – FACTORES QUE PUEDEN AFECTARLOS, en el mismo anexo agregamos lo siguiente:

M 68 - pág. 174

II. EJECUCIÓN DE PROCESOS GERENCIALES ESTRECHAMENTE RELACIONADOS CON EL TRABAJO EN EQUIPO.

III. GESTIÓN DEL CAMBIO DE LAS CONDICIONES DEL GRUPO.

M 69

ANEXO

TRABAJO EN EQUIPO
FUNCIONES DEL GERENTE DEL GRUPO

I. COMPORTAMIENTOS PUNTUALES QUE FAVORECEN LOS ATRIBUTOS DEL GRUPO

Ref. 1(*)

A. Comunicación entre los miembros del grupo

1. Inspirar y transmitir confianza. Generar percepción de equidad en el tratamiento de la gente. Abstenerse de la "gerencia por conflicto" ("*management by conflict*").

2. Respetar a los miembros del grupo. No permitir faltas de respeto entre ellos.

3. Ser cordial.

4. Adoptar un comportamiento asertivo cuando corresponda, pero tener cuidado con el cómo, el cuándo, el dónde y el cuánto para evitar que los miembros del grupo restrinjan indebidamente su propia asertividad.

5. Ser receptivo. Promover el diálogo. Indagar. Escuchar.

6. Crear un ambiente (de receptividad, empatía mutua, tolerancia al error, expresión de las emociones, etcétera) que favorezca la transparencia y tienda a reducir las barreras defensivas. En este sentido, establecer reglas de juego claras, respetarlas y hacerlas respetar (aquí es importante la coherencia con la aplicación de premios y castigos).

7. Ser generoso y sincero para dar feedback de refuerzo, pero cuidar las eventuales reacciones de terceros. Brindar selectivamente críticas constructivas en privado en forma apropiada y en el momento oportuno.

8. Crear un ambiente en donde sea natural que cualquier miembro del grupo opine sobre el sector de otro miembro sin que ello provoque reacciones negativas.

9. Facilitar el disenso. Manifestar aprecio por las opiniones contrarias. Evitar reacciones propias que puedan resultar agresivas o amenazantes para el otro.

M 63 - pág. 160 ◀••   *   Referencia al listado de atributos que figuran en el módulo "TRABAJO EN EQUIPO - ATRIBUTOS DEL GRUPO".

10. Promover que los conflictos se expliciten y se traten en el lugar y en el momento adecuados, con la participación de las personas correspondientes, y que el proceso se desarrolle en términos constructivos.

B. Cohesión del grupo

1. Comunicar debidamente los objetivos fijados por niveles superiores. Facilitar la participación correspondiente en la formulación de los objetivos del grupo. Asegurar su comprensión y explorar su acuerdo por parte de todos.

2. Abrir la mente a los intereses, valores y creencias de otros miembros del grupo que sean distintos de los propios. Pero estar atento a los intereses, valores y creencias que sean incompatibles con el funcionamiento adecuado del grupo.

3. Manifestar con las palabras y sobre todo con las acciones el compromiso y la motivación con los objetivos y la tarea del grupo.

4. Rendir cuentas al grupo. Pedir rendición de cuentas a los miembros del grupo.

5. Manifestar satisfacción y orgullo de pertenecer al grupo.

C. Contribución de los miembros del grupo

1. Aprovechar las fortalezas de los miembros del grupo.

2. Influir para que las diferencias de estilos personales entre los miembros generen sinergia entre ellos, en lugar de enfrentamientos contraproducentes. Al respecto, predicar con el ejemplo.

3. Participar a los miembros del grupo en la toma de decisiones, especialmente donde sea importante obtener su aporte, lograr su compromiso o promover su aprendizaje (sujeto a los factores situacionales pertinentes).

4. Promover la cooperación y desalentar la competencia contraproducente entre los miembros del grupo. En este sentido, establecer reglas de juego claras, respetarlas y hacerlas respetar (aquí es importante la coherencia con la aplicación de premios y castigos).

5. Promover el liderazgo de otros miembros del grupo.

6. Exigir a los miembros del grupo que "no tiren para arriba" los conflictos que deben y pueden resolver entre ellos. Evitar sustituirlos al respecto.

7. Procurar que los procesos de toma de decisiones, no sólo generen las decisiones más convenientes, sino también que sirvan como medio de aprendizaje con miras a las decisiones futuras.

8 a 13 Manifestar con las palabras y sobre todo con las acciones la adhesión a los atributos indicados y la pretensión de que los miembros del grupo respondan a ellos.

II. EJECUCIÓN DE PROCESOS GERENCIALES ESTRECHAMENTE RELACIONADOS CON EL TRABAJO EN EQUIPO

1. Involucramiento en la inserción de los miembros en el grupo: incorporación, inducción, integración social, contención, protección, etcétera.

2. Conducción del planeamiento estratégico deliberado correspondiente al área de responsabilidad del grupo.

3. Diseño de la estructura organizativa del grupo. Asignación y coordinación de responsabilidades y tareas entre sus miembros.

4. Realización de evaluaciones y aplicación de recompensas: evaluar equitativamente, "premiar" los comportamientos favorables y "castigar" los desfavorables, manejar debidamente la comunicación individual y grupal al respecto, etcétera.

5. En el planeamiento y control de las operaciones, integración de los objetivos y acciones de los miembros del grupo.

6. Rigor en la aplicación de metodologías que optimizan los procesos.

7. Planeamiento, facilitación y seguimiento de las reuniones del grupo.

8. Ejercicio del liderazgo situacional en la conducción del grupo.

III. GESTIÓN DEL CAMBIO DE LAS CONDICIONES DEL GRUPO

M 63 - pág. 160 ◀••
M 68 - pág. 174 ◀••

1. Diagnosticar la situación del grupo. Para ello tomar en cuenta los módulos TRABAJO EN EQUIPO – ATRIBUTOS DEL GRUPO y TRABAJO EN EQUIPO – FACTORES QUE PUEDEN AFECTARLO.

2. Diseñar e implementar las intervenciones correspondientes para lograr efectivamente el desarrollo del trabajo en equipo del grupo.

Trabajo en equipo – Grupo autodirigido

¿ACCOUNTABILITY?

¿AUTORIDAD?

Dado un grupo de proyecto o cualquier otra forma de célula superpuesta, se plantea si es necesario o conveniente que tenga un jefe o autoridad formal. Esto nos lleva al concepto de célula autodirigida.

En términos estrictos, una célula es autodirigida cuando no tiene jefe. Pero, si no existe el jefe, ¿quién tiene la última palabra en las decisiones?; ¿quién tiene el *"accountability"*? La respuesta no tiene mayores alternativas: la célula tomada en conjunto.

En las células autodirigidas el trabajo en equipo es indispensable. Si no hay trabajo en equipo, prácticamente la célula no puede funcionar. En el caso que haya jefe, el trabajo en equipo es deseable. Pero si falta, el jefe actúa como fusible. En cambio, en la célula autodirigida dicho fusible no existe, de manera que el grupo no tiene otra alternativa que trabajar en equipo.

Claro está que la carencia de acuerdo dentro del grupo puede resolverse apelando al arbitraje de una instancia superior. Sin embargo, este recurso debe manejarse más bien como excepción. De lo contrario, se desnaturaliza el concepto de célula autodirigida.

Hay células cuyas características se aproximan a una célula autodirigida; por ejemplo, porque gozan de un gran *"empowerment"*, pero no constituyen células autodirigidas propiamente dichas. La pregunta clave es si tienen o no jefe. Y aquí no hay que dejarse atrapar por las meras palabras. Por ejemplo, se dice que una célula es autodirigida porque, entre otras cosas, no tiene un jefe. Pero tiene un "líder", o un "facilitador", o algún otro cargo que no se denomina jefe. Entonces, ¿qué pasa si no hay consenso?, ¿alguien tiene la última palabra en las decisiones?, ¿quién tiene el *"accountability"*? Las respuestas a estas preguntas pueden indicar que existe un jefe, aunque no se llame jefe. Por lo tanto, no se trata de una célula autodirigida en términos estrictos.

Por supuesto que en la práctica hay formas intermedias en las que la figura de la célula autodirigida se da en mayor o menor grado. Por ejemplo, cuando existe un líder

M 70

que actúa principalmente como facilitador y excepcionalmente como jefe. De todos modos, no debemos perder de vista cuál es la cuestión central para calificar a una célula como autodirigida o no: la existencia del jefe.

En el primer párrafo planteamos la posibilidad de una célula autodirigida como alternativa a una superpuesta (grupo de proyecto u otra). Sin embargo, la célula autodirigida es aplicable también a un grupo básico, destinado a la operación. Esto ya es más difícil. Algunas empresas han hecho experiencias interesantes en este orden: Procter & Gamble, Volvo, entre otras.

"*ACCOUNTABILITY*"
RESPONSABILIDAD
DEL JEFE

G

JERARQUÍA
AUTORIDAD

S   S

El grupo básico es una célula de la pirámide organizacional compuesta por un jefe o gerente y sus colaboradores. Utilizamos el término "gerente" en un sentido bien amplio: es quien tiene a su cargo un área de responsabilidad, desde toda la organización tomada en conjunto hasta un pequeño sector o proyecto, y que, para ejercer su responsabilidad, también tiene a su cargo ciertas personas; vale decir que es responsable del desempeño de su gente. El concepto abarca al dueño que conduce su negocio, al gerente general de una empresa, a los gerentes funcionales o divisionales, al jefe de un sector, al encargado de un proyecto, etcétera.

En el grupo básico uno de sus miembros tiene el carácter de gerente (G). Como tal tiene cierta autoridad sobre el resto de los miembros del grupo, que por ello se denominan "colaboradores" (Cs). La autoridad del gerente significa que éste tiene la última palabra en las decisiones que le competen, cualquiera sea la manera de tomar las decisiones (participativa, directiva, etcétera). En correlación con su autoridad, el gerente es responsable de las actividades y resultados del grupo frente a sus superiores; tiene lo que en inglés se llama el "*accountability*". Ello significa que el gerente ostenta mayor jerarquía que sus colaboradores, lo cual se exterioriza no sólo por la autoridad y responsabilidad, sino también por otros elementos, como recursos disponibles, símbolos de estatus, formas de trato, etcétera.

En términos de estructura, la pirámide básica de una organización es una cadena de grupos básicos, o sea de células G-Cs, en la cual el colaborador de un gerente puede a su vez ser gerente de otros colaboradores, y así sucesivamente.

Aparte del gerente, cada uno de los miembros del grupo básico tiene obligaciones con distintas personas que pueden requerir un difícil equilibrio con respecto al trabajo en equipo del grupo:

1. En ciertos temas, debido al área de responsabilidad respectiva, es posible que ese miembro ejerza más influencia sobre el gerente que el resto de los integrantes del grupo.

183

M 71

2. Debe ser un "buen compañero" de sus pares del grupo.

3. Si tiene colaboradores a su cargo debe ser un buen líder de ellos.

Por ejemplo, la crítica de un miembro del grupo acerca del colaborador de otro miembro puede disparar en éste la duda entre ser abierto con su par o proteger a su colaborador.

Dentro de un grupo básico, es interesante distinguir los siguientes niveles en cuanto al grado de trabajo en equipo:

1. Prácticamente no hay trabajo en equipo. Cada uno "corre por su cuenta". No hay mayor integración entre los colaboradores ni entre éstos y el gerente.

2. El gerente tiene cierta integración con sus colaboradores, del tipo "radial". Puede que funcione bien en el vínculo uno a uno, pero no hay mayor integración entre ellos.

3. Hay integración entre los colaboradores, además de con el gerente. Pero los colaboradores no son capaces de resolver ciertos conflictos entre ellos, de manera que el gerente debe intervenir. Se incrementa indebidamente el rol del gerente como árbitro, restándole tiempo y energía para funciones más importantes. Al respecto ver TRABAJO EN EQUIPO – AJUSTE MUTUO – BARRERAS.

M 60 - pág. 154 ◀ • •

4. Los colaboradores son capaces de resolver adecuadamente gran parte de los conflictos que se generan entre ellos, sin que el gerente tenga que intervenir.

Trabajo en equipo – Grupo de proyecto

GRUPO
DE
PROYECTO

PIRÁMIDE BÁSICA

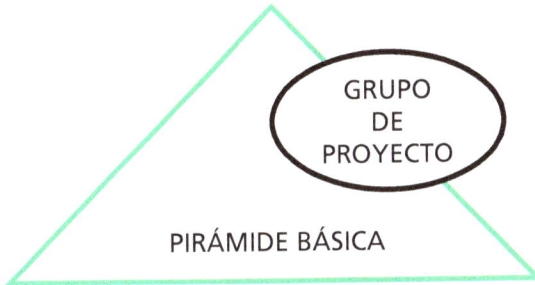

La implementación del planeamiento estratégico y su correlato, la gestión del cambio organizacional, requieren distintos tipos de intervenciones. Algunas pueden ser encaradas directamente por los grupos básicos de la pirámide organizacional. Por ejemplo, el gerente general y el comercial se ocupan del rediseño de la estructura del área comercial para alinearla con la nueva estrategia. O bien la gerencia de recursos humanos, con la ayuda de otros sectores, se aboca a ciertas intervenciones en la gente (capacitación, modificación del sistema de evaluación y recompensas, etcétera).

Sin embargo, en el caso de otras intervenciones los grupos básicos pueden tener dificultades para ejecutarlas. Por ejemplo, una mejora o reingeniería de procesos, o el desarrollo de nuevos productos. Para estas intervenciones se plantea cierta problemática:

M 71 - pág. 183

- El cambio afecta a muchos sectores de la organización y se requiere el "*know how*" proveniente de todos esos sectores. Aun más, muchos de los problemas no están localizados dentro de un sector, sino que radican en la interfase entre sectores. Esto hace que en el diagnóstico, diseño e implementación del cambio se requiera gente que abarque los sectores involucrados.

- Sin embargo, si se identifica a la persona cuya área de responsabilidad alcanza a todos esos sectores, es probable que ella esté demasiado arriba en el organigrama; o sea, muy lejos de la "línea de fuego".

Por otra parte, el proceso de diagnóstico, diseño e implementación del cambio propuesto suele consumir una gran dosis de tiempo y energía. Y es muy difícil que las personas que se ocupan de la operación cotidiana tengan margen para tal dedicación.

En general, una buena medida para encarar dichas intervenciones es crear grupos de proyecto con personas extraídas de los grupos básicos. En tanto se mantiene el proyecto, los miembros del grupo le brindan al proyecto una dedicación intensiva, que puede llegar a ser "*full time*". La idea es que el grupo de proyecto se aboca al cambio organizacional, a la innovación, en tanto que la pirámide básica se ocupa de la operación cotidiana, digamos de la rutina.

También en la operación pueden constituirse grupos de proyecto; por ejemplo, en los servicios de consultoría o en la industria de la construcción. En este caso, quienes pertenecen a una o más áreas funcionales se agrupan para realizar cierta obra o brindar un determinado servicio operativo.

El grupo de proyecto constituye una célula superpuesta que actúa en simultáneo con los grupos básicos, lo cual puede ocasionar problemas especiales de trabajo en equipo. Sus miembros, salvo en el caso de dedicación "*full time*", se encuentran en una situación similar a la de estructura matricial, porque deben responder al jefe de su grupo básico y al jefe (o como se lo llame) del grupo de proyecto; es común que enfrenten conflictos con relación a la dedicación a ambos grupos. A veces los respectivos jefes reclaman cada uno por su lado. Además, pueden generarse incertidumbres o discrepancias en cuanto a la evaluación del desempeño del colaborador, al futuro del grupo de proyecto, etcétera.

Trabajo en equipo – Grupo directivo

GRUPO
DIRECTIVO

Entendemos por "gerente general" al ejecutivo número uno o CEO ("*chief executive officer*") de una organización o de una unidad de negocios, cualquiera sea su título formal (presidente, director general, etcétera); y por "grupo directivo" al compuesto por el gerente general y sus reportes directos.

El grupo directivo suele tener ciertas características que tienden a complejizar el trabajo en equipo:

1. En general, sus miembros detentan una personalidad más orientada al logro y al poder que a la afiliación (ésta es una preferencia recurrente por experiencias de interacción íntima, cálida y comunicativa con otras personas). Por ello, hace que habitualmente sean bastante competitivos, e incluso que se embarquen en luchas políticas.

2. Es natural que pertenezcan a profesiones diferentes, en especial por la influencia de la especialización correspondiente a una estructura funcional (total o parcial) en la cumbre de la organización. Dada la correlación observada entre profesiones y tipos de estilos personales, dicha diferencia aumenta la probabilidad de que tengan estilos distintos, lo cual incrementa el riesgo de conflictos. Al respecto, ver TRABAJO EN EQUIPO – ESTILOS PERSONALES. Por M 66 - pág. 169 lo común, no es lo mismo en un grupo de menor nivel; por ejemplo, en ventas o en contaduría, donde habrá mayoría de vendedores o contables, respectivamente.

3. Dentro de los grupos básicos que componen la pirámide organizacional, el grupo directivo es el que suele estar más sujeto a formas de estructura matricial; por ejemplo, cuando en una empresa subsidiaria un gerente funcional reporta no sólo al gerente general, sino también a un director funcional corporativo. Y la estructura matricial, aunque sea conveniente o necesaria, en principio, hace más dificultoso o complejo el trabajo en equipo.

M 73

M 71 - pág. 183 ◀••

4. El fenómeno de los tres roles que tratamos en el módulo TRABAJO EN EQUIPO – GRUPO BÁSICO se profundiza, dada la envergadura de las responsabilidades de los miembros del grupo directivo.

5. El trabajo en equipo puede verse afectado también por expectativas en cuanto a la sucesión de la gerencia general.

Trabajo en equipo intergrupal – Desarrollo

M 74

◀◀
Módulo
antecedente
76

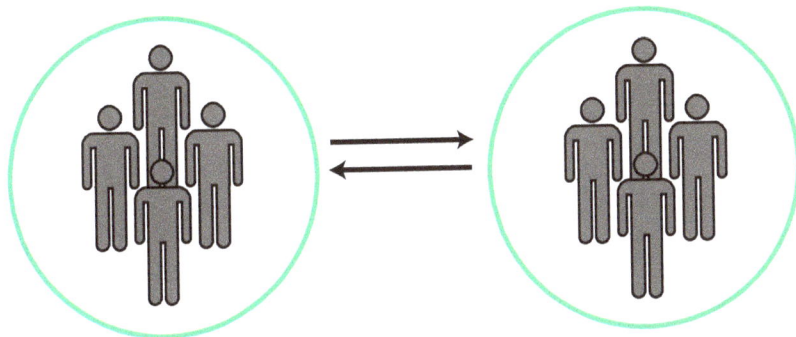

En el módulo TRABAJO EN EQUIPO – INTRAGRUPAL E INTERGRUPAL establecimos la distinción entre ambos campos de acción. En TRABAJO EN EQUIPO – ATRIBUTOS DEL GRUPO identificamos las propiedades que caracterizan el grado de trabajo en equipo; si bien esta identificación se refiere especialmente a lo intragrupal, sus conceptos son también aplicables a lo intergrupal.

••▶ M 63 - pág. 160

En las organizaciones es común que existan problemas en las relaciones entre distintos grupos o sectores. Por ejemplo, entre una unidad de negocio y otra, entre el área comercial y el área financiera, entre una función operativa y otra de control, etcétera. En muchos casos dichos problemas son hasta naturales:

- A menudo, en las decisiones concretas es difícil conciliar los objetivos específicos de cada grupo, a pesar de que todos deberían estar alineados con objetivos superiores.

- El ser humano tiende a identificarse con lo propio, lo cercano y lo que le resulta más familiar; o sea, con su grupo de pertenencia.

- En muchas organizaciones se promueve explícita o tácitamente una actitud competitiva, no sólo hacia afuera sino también hacia el interior (aquí es muy importante el régimen de premios y castigos).

- Es difícil evitar las preocupaciones o luchas por el poder y el prestigio.

- Los grupos suelen desarrollar subculturas distintas dentro de una misma organización, sobre todo si los miembros pertenecen a diversas profesiones o regiones, pues tienden a agruparse según esta pertenencia.

- La personalidad de los actores juega un rol significativo. Al respecto, ver el módulo TRABAJO EN EQUIPO – ESTILOS PERSONALES.

••▶ M 66 - pág. 169

Los problemas de relación entre los grupos atentan contra el ajuste mutuo que tratamos en los módulos respectivos.

••▶ M 59 - pág. 152

M 74

M 76 - pág. 194 ◄••

Un factor importante del trabajo en equipo intergrupal es la relación que tengan los respectivos gerentes o jefes, fenómeno que mencionamos en el módulo TRABAJO EN EQUIPO – INTERGRUPAL E INTRAGRUPAL.

El desarrollo del trabajo en equipo entre dos grupos suele requerir cierta comprensión por parte de ambos acerca de la problemática del otro, lo cual requiere una actitud más abierta y un mayor intercambio de información. Para ello puede ser provechoso el proceso que bosquejamos a continuación (los números constituyen etapas):

1. Los respectivos gerentes o jefes se ponen de acuerdo en llevar adelante el proceso. De lo contrario es muy difícil que tenga éxito. Un fuerte liderazgo del superior de ambos puede contribuir favorablemente al respecto.

2. Se reúnen ambos grupos, digamos A y B, en salas separadas. A cada uno se le pide lo mismo, elaborar dos listas:

   I. Una, de los aspectos del otro grupo que quisieran que éste cambie.

   II. Otra, de lo que suponen que el otro grupo responderá a I.

3. Se reúnen ambos grupos y se informan mutuamente de sus respectivas listas:

   • A informa a B su lista I, y B hace lo propio con A.

   • B informa a A de su lista II, y A hace lo propio con B.

   De ello resulta la comparación de A-I con B-II y de B-I con A-II. Pero en esta instancia no corresponde discutir el contenido de las listas.

4. Los dos grupos vuelven a reunirse en salas separadas. Cada uno analiza la información obtenida en 3. Este análisis suele ayudar a la comprensión recíproca y al acercamiento de posiciones. Luego el grupo elabora una tercera lista (III) de los problemas prioritarios que habría que superar. Generalmente, ésta es más reducida que las anteriores.

5. Se vuelven a reunir ambos grupos, comparten sus respectivas listas III y tratan de acordar una sola, la IV.

A partir de aquí cabe un proceso complementario que puede encararse en la propia reunión o desarrollarse con posterioridad:

6. Para el análisis y la propuesta de solución de los problemas prioritarios surgidos de la lista IV acordada se asignan subgrupos, cada uno compuesto por miembros de ambos grupos.

7. Los subgrupos encaran el o los problemas asignados.

8. En reunión plenaria los subgrupos informan al resto su propuesta de solución. Si el proceso complementario se desarrolló con posterioridad a las reuniones

señaladas en 2 a 5, una alternativa es que los subgrupos informen a los gerentes o jefes de los grupos.

En principio, es conveniente contar con un consultor externo (o interno, de la función de recursos humanos) que asesore acerca del proceso y actúe como facilitador ▪▪▶ M 49 - pág. 124 en las reuniones.

Trabajo en equipo – Intragrupal – Desarrollo

ESTRATEGIAS PARA EL DESARROLLO
Coaching grupal + Coaching individual
Actividades de autodiagnóstico
Actividades vivenciales
Actividades de profundización de ciertos temas

M 63 - pág. 160 ◀◀

En el módulo TRABAJO EN EQUIPO – INTRAGRUPAL E INTERGRUPAL establecimos la distinción entre ambos campos de acción. En TRABAJO EN EQUIPO – ATRIBUTOS DEL GRUPO identificamos las propiedades que caracterizan el grado de trabajo en equipo, especialmente del intragrupal. En general, no existe mayor discusión en cuanto al valor de dichos atributos. Lo difícil es llevarlos a la práctica. En muchas situaciones se observan problemas al respecto y entonces se plantea el desafío de cómo desarrollar el trabajo en equipo.

Para el desarrollo del trabajo en equipo, la capacitación orientada a lograr objetivos cognitivos no es lo más importante, por las razones esbozadas en el párrafo precedente. Lo trascendente es aplicar en el trabajo los conocimientos sobre el tema, lo cual implica un cambio efectivo en el comportamiento. Con este propósito, existen diversas estrategias: unas entrañan un proceso que lleva cierto tiempo, como el coaching grupal, que puede ir acompañado de coaching individual; otras consisten en una intervención más bien corta. Dentro de las segundas, a su vez, cabe destacar las siguientes:

A. Actividades participativas de autodiagnóstico del propio grupo para evaluar en qué medida está funcionando como equipo, cuáles son los problemas principales que deberían encararse para mejorar la situación y qué medidas concretas deberían adoptarse para lograr la mejora.

B. Actividades vivenciales, como ser el "*outdoor training*", que facilitan el acercamiento entre los miembros del grupo y movilizan su disposición en favor del objetivo buscado.

C. Actividades de profundización de ciertos temas específicos estrechamente vinculados con el trabajo en equipo: estilos personales y su efecto sobre las relaciones interpersonales, reducción de barreras defensivas, superación de conflictos, etcétera.

Tanto las actividades vivenciales como las de profundización, señaladas en B y C, respectivamente, pueden ser eficaces como refuerzo preparatorio o complementario del autodiagnóstico indicado en A. Pero, de todos modos, éste suele ser el corazón del camino a seguir.

En general, conviene que dicho autodiagnóstico cuente con los servicios profesionales de un consultor de procesos, interno o externo. Sin embargo, aun contando con la ayuda de un consultor, el proceso tiene dos limitaciones: por un lado, si las cosas andan muy bien, la actividad tiende a ser innecesaria; por otro lado, si andan muy mal, es probable que se presenten dos tipos de riesgos. Uno es que el intento resulte inútil porque las barreras defensivas impiden una discusión provechosa. Otro de los riesgos es que el intercambio de opiniones agrave la situación; por ejemplo, porque los conflictos preexistentes generan comportamientos agresivos que a su vez desatan una escalada del conflicto.

A fin de pulsar dichos riesgos, un medio eficaz puede ser que el consultor entreviste individualmente a los miembros del grupo antes de su eventual reunión. Y, si el nivel actual de conflicto induce a pensar que ella sería peligrosa, le cabe al consultor sugerir otras maneras para encarar el desafío. En cambio, si se decide hacer la reunión, de cualquier forma las entrevistas son enriquecedoras para su diseño.

En síntesis, el referido autodiagnóstico suele constituir una estrategia eficaz para el desarrollo del trabajo en equipo, con las limitaciones señaladas, y sin perjuicio de la conveniencia de otras estrategias.

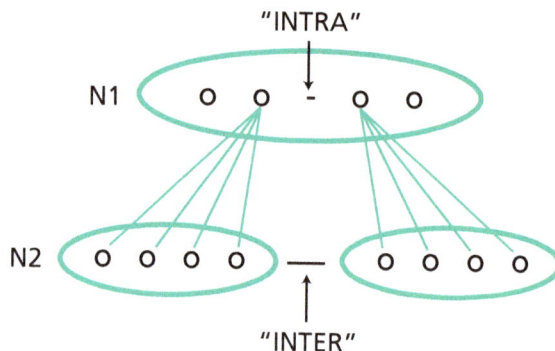

El trabajo en equipo incluye dos campos de acción: el intragrupal y el intergrupal. El primero se refiere fundamentalmente a las relaciones entre los miembros de un mismo grupo; el segundo, a las relaciones entre miembros de distintos grupos.

M 63 - pág. 180 Los módulos que tratan por una parte los atributos y por otra las etapas del trabajo en equipo son aplicables especialmente al trabajo en equipo intragrupal. Sin embargo, muchos de sus conceptos son también aplicables al intergrupal.

Además, en un módulo adicional encaramos el desarrollo del trabajo en equipo M 75 - pág. 192 intragrupal, y en otro el desarrollo del intergrupal.
M 74 - pág. 189

Existe una conexión importante entre ambos campos: el intragrupal en un determinado nivel jerárquico tiende a afectar el intergrupal en los niveles siguientes. Por M 73 - pág. 187 ejemplo, la integración dentro del grupo directivo (el número uno y sus reportes directos) suele tener influencia sobre la colaboración entre los distintos sectores que dirigen los respectivos miembros del grupo directivo. El grado de trabajo en equipo se "contagia" de arriba hacia abajo, para bien o para mal. Por lo tanto, cuanto más alto es el nivel jerárquico de un grupo, más importante es su grado de trabajo en equipo, y mayor su responsabilidad al respecto.

Trabajo en equipo – Modelo de Blake y Mouton

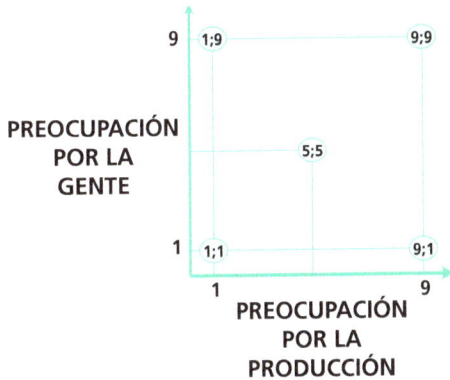

Blake y Mouton, reconocidos por sus trabajos de investigación, capacitación y consultoría en el campo del management, destacaron dos dimensiones fundamentales para examinar el perfil de un manager: su preocupación por la producción y por las personas. La preocupación por la producción incluye atender factores como los resultados, el desempeño, las ganancias, la misión, etcétera. A cada una de ambas dimensiones estos autores le asignaron convencionalmente un puntaje de 1 a 9. Y sobre esta base elaboraron su famoso "grid gerencial", que comprende cinco prototipos de estilos gerenciales, publicado en *El nuevo grid gerencial* (Diana, 1980; hay ediciones posteriores en inglés, no traducidas al español):

El 9;1. "Estilo de mando autoridad-obediencia" – Máxima preocupación por la producción (9) combinada con mínima preocupación por las personas (1).

El 1;9. "Administración de un club campestre" – Mínima preocupación por la producción (1) unida a máxima preocupación por las personas (9).

El 1;1. "Estilo de mando empobrecido" – Mínima preocupación tanto por la producción como por las personas.

El 5;5. "Estilo de mando basado en el hombre organización" – Nivel aceptable, aunque mediocre, en ambas direcciones.

El 9;9. "Estilo de mando caracterizado por trabajo en equipo" – Integra máxima preocupación por la producción con máxima preocupación por las personas.

Ambas dimensiones, si bien son distintas, no son independientes: las condiciones de una influyen sobre la otra, y viceversa. Así, un 9;1 puede obtener muy buenos resultados a corto plazo, pero su baja preocupación por las personas tiende a afectar la calidad de la producción, porque no aprovecha plenamente los recursos humanos. Y el 1;9, a pesar de su preocupación por las personas, termina perjudicándolas debido a la influencia negativa que el descuido de la producción ejerce sobre ellas.

El modelo de Blake y Mouton es conciliable con la mayoría de los modelos de funciones o estilos gerenciales o de evaluaciones de gerentes, porque en general muchos de los atributos o categorías que estos modelos suelen establecer pueden agruparse bajo el concepto de preocupación por la producción o preocupación por las personas.

Blake y Mouton sostienen que el 9;9, a su juicio el mejor estilo, aplica los siguientes principios básicos:

1. La libre elección basada en la información sirve de fundamento a la acción personal, en lugar de la obediencia forzada.

2. La participación activa en la solución de problemas y en la formulación de decisiones es la base del crecimiento y del desarrollo, en lugar de la aceptación pasiva de instrucciones o de la inactividad reforzada por la marginación social.

3. El respeto y la confianza mutua sirven de base para relaciones interhumanas equilibradas, en lugar de la desconfianza y la autodefensa.

4. La comunicación abierta fomenta la comprensión mutua, en contraste con la comunicación unilateral escondida, cerrada o de estilo maquiavélico, que crea cada vez mayores obstáculos para la comprensión.

5. La actuación se desarrolla dentro de una estructura de metas y objetivos basados en la autodirección, en lugar de en la dirección por elementos exteriores.

6. La resolución de conflictos se realiza a través de la confrontación directa, en lugar de a través de la supresión del allanamiento temporal de los compromisos o de cualquier tipo de manipulación.

7. Cada uno responde ante sí mismo por su propia actuación, en lugar de ante los demás.

8. La crítica se utiliza para aprender de la experiencia, en lugar de repetir las equivocaciones porque no se estudian las experiencias pasadas.

9. Las personas participan en actividades de trabajo complejas o en una variedad de actividades, en lugar de ocuparse de actividades sencillas o de repeticiones de la misma actividad.

M 63 - pág. 160 ◀•• Dichos principios básicos tienen mucho en común con los atributos del trabajo en equipo.

Blake y Mouton publicaron varias ediciones de su libro sobre el grid gerencial. Además, publicaron una obra específica sobre trabajo en equipo, titulada *Cómo trabajar en equipo* (Norma, 1989). En este libro establecen 12 categorías de atributos inherentes al trabajo en equipo:

1. *Órdenes:* se dan instrucciones claras para desempeñar las responsabilidades, pero con la oportunidad de aclarar los puntos que parezcan oscuros; todos entienden lo que hay que hacer, y por qué es importante.

2. *Reuniones:* se llega a pasos de acción utilizando los recursos de todo el que tenga algo que aportar.

3. *Conflicto:* los puntos de desacuerdo se hacen explícitos y se identifican sus causas a fin de resolverlas.

4. *Objetivos:* los miembros del equipo participan en fijar, revisar y evaluar los objetivos en los cuales influye su propio desempeño.

5. *Innovación:* la creatividad y la innovación se ven estimuladas por la disposición a experimentar.

6. *Comunicación:* todos los miembros están bien informados y participan tanto en el análisis de los problemas como en la toma de decisiones; las diferencias se discuten abiertamente y se analizan para llegar a una sana comprensión.

7. *Descripción del trabajo:* las responsabilidades se diseñan según la naturaleza de las tareas y las capacidades de los miembros a fin de maximizar la interacción entre los que comparten la acción.

8. *Delegación:* el grado de autonomía que se concede para desempeñar las labores se ajusta a las capacidades individuales de responsabilidad e interdependencia.

9. *Calidad:* los miembros del equipo están absolutamente resueltos a cumplir normas de alta calidad; se logra y se mantiene un rendimiento superior porque todos están motivados para superarse.

10. *Evaluaciones del desempeño:* las evaluaciones del desempeño se basan en criterios previamente adoptados por consenso, con revisión realista de las capacidades y los puntos débiles, sobre la base de una realimentación bilateral.

11. *Espíritu de equipo:* la cohesión y la lealtad al grupo dan por resultado el apoyo mutuo cuando se necesita.

12. *Compromiso:* se deriva de que los miembros del equipo tienen un mismo interés en el éxito del grupo; la satisfacción personal se desprende de hacer las contribuciones necesarias.

Trabajo en equipo – Modelo de Blanchard

COMPORTAMIENTOS DEL LÍDER		"ESTILO" RESULTANTE DEL LÍDER	ETAPAS DE DESARROLLO DEL EQUIPO
DIRECCIÓN	APOYO		
Alto	Bajo	E.1. Dirección	1. Orientación
Alto	Alto	E.2. Entrenamiento	2. Insatisfacción
Bajo	Alto	E.3. Apoyo	3. Integración
Bajo	Bajo	E.4. Delegación	4. Producción

Kenneth Blanchard, renombrado autor y conferencista, escribió junto con Drea Zigarmi y Patricia Zigarmi el popular libro *El líder ejecutivo al minuto* (Grijalbo, 1986). En él desecha la idea de un único estilo mejor de liderazgo y desarrolla el modelo de "liderazgo situacional", el cual sostiene que es necesario cambiar el estilo de liderazgo según la persona con quien se esté trabajando y en función de cada situación concreta. El modelo determina cuatro estilos básicos de liderazgo (identificados como E1, E2, E3 y E4) en función de cuatro niveles de desarrollo del liderado (identificados como D1, D2, D3 y D4), según la combinación de su competencia e interés. Cabe aclarar que Blanchard emplea la palabra "estilo" como sinónimo de comportamiento específico, y no en el sentido de la inclinación general de la persona, como preferimos usarlo nosotros.

En una obra posterior, *El ejecutivo al minuto – Formación de equipos de alto rendimiento* (Grijalbo, 1992), Blanchard, junto con Donal Carew y Eunice Parisi-Carew, retoma los conceptos fundamentales del liderazgo situacional y los aplica a la formación de equipos de alto rendimiento. En línea con los cuatro niveles de desarrollo señalados, se identifican cuatro etapas en la evolución del grupo, cuyas principales características, en general, son las siguientes:

1. En la primera etapa, de "orientación", los miembros están entusiasmados de pertenecer al grupo, pero sienten incertidumbre acerca de su integración a él, de cuánta confianza podrán tener en los demás, de las exigencias que pesarán sobre ellos, de las normas aplicables, etcétera. En esta etapa hay una alta dependencia de la figura del líder en cuanto a propósito y dirección.

2. En la segunda etapa, de "insatisfacción", los miembros han ganado cierta experiencia, pero surgen discrepancias entre sus expectativas iniciales y la realidad. Suele haber desmotivación, frustración, sensación de incompetencia, reacciones negativas, etcétera. El reto del líder es ayudar al grupo a superar los problemas de poder, control y conflicto, y comenzar a trabajar en conjunto de manera eficaz.

3. En la tercera etapa, de "integración", el grupo alcanza una productividad entre media y alta y una moral en mejora, aunque variable. En gran parte, se superan los problemas de la segunda etapa. Se desarrollan los atributos del trabajo en equipo, pero todavía no se logra la plena eficacia y eficiencia del grupo.

4. En la cuarta etapa, de "producción", tanto la productividad como la moral son bien altas, y se refuerzan mutuamente. Se maximizan los atributos del trabajo en equipo.

De manera similar al modelo enunciado en primer término, se proponen cuatro estilos distintos de liderazgo (identificados como E.1., E.2., E.3. y E.4.), para cada una de las etapas señaladas, respectivamente. El estilo se configura por la combinación de comportamientos directivos y de apoyo, conforme se indica en el cuadro inicial.

Trabajo en equipo – Modelo de Lencioni

```
                    FALTA
                     DE
                  ATENCIÓN A
                LOS RESULTADOS
              EVITACIÓN DE
            RESPONSABILIDADES
          FALTA DE COMPROMISO
         TEMOR AL CONFLICTO
       AUSENCIA DE CONFIANZA
```

Patrick Lencioni, en su obra *Las cinco disfunciones de un equipo* (Empresa Activa, 2003) presenta el modelo que estructura las disfunciones en forma piramidal. En la base de la pirámide está la ausencia de confianza. Ésta trae aparejado el temor al conflicto, que a su vez genera falta de compromiso y, consecuentemente, la evitación de responsabilidades. Todo esto redunda finalmente en la falta de atención a los resultados.

Por oposición a dichas disfunciones, Lencioni expone las propiedades de un equipo verdaderamente cohesionado:

1. Confían unos en otros.

2. Afrontan los conflictos con un propósito constructivo.

3. Se comprometen con decisiones y planes de acción.

4. Se responsabilizan mutuamente por el cumplimiento de esos planes.

5. Se centran en el logro de resultados colectivos.

Lencioni analiza los comportamientos negativos característicos de cada una de las cinco disfunciones y sus respectivos opuestos: los comportamientos positivos correspondientes al equipo verdaderamente cohesionado. Tal identificación de comportamientos positivos y negativos se relaciona bastante con lo que indicamos en el módulo M 63 - pág. 160 ◄•• TRABAJO EN EQUIPO – ATRIBUTOS DEL GRUPO.

Charles Margerison y Dick McCann presentan, en su obra *Administración en equipo* (Ediciones Macchi, 1983), una "Rueda de administración en equipo", que comprende ocho roles preferentes que pueden tener los miembros del equipo. Estos roles resultan de distintas combinaciones de cuatro actividades principales: exploración, organización, control y asesoramiento. Las características personales de cada miembro del equipo hacen que ese individuo sea más apto y esté más dispuesto para uno u otro rol, constituyendo así su rol preferente. A continuación se resumen dichos roles sobre la base de párrafos extraídos del libro citado:

1. *Creadores-innovadores:* son personas que poseen un número de ideas que pueden desafiar y perturbar la manera existente de hacer las cosas. Ellas suelen ser muy independientes y desean experimentar sus ideas sin considerar los sistemas y métodos actuales.

2. *Exploradores-motivadores:* usualmente son excelentes tanto en la generación de ideas como en lograr que las personas se entusiasmen con ellas. Investigan qué está ocurriendo fuera de la organización y comparan las nuevas ideas con lo que otras personas están realizando. Son también buenos en recordar contactos, información y recursos que pueden ayudar a la innovación en el equipo. Son muy capaces de impulsar una idea aunque no sean las mejores personas para organizarla y controlarla.

3. *Evaluadores-desarrolladores*: proporcionan un equilibrio entre las partes de "exploración" y "organización" de la Rueda. Frecuentemente, buscan maneras y medios de hacer que una idea funcione en la práctica. Su preocupación es ver si el mercado quiere la innovación y la someten al test de algún criterio práctico.

4. *Implementadores-organizadores:* son las personas que logran que se hagan las cosas. Una vez que han sido convencidos de que la "idea" es de interés, organizan a las personas y establecen procedimientos y sistemas para convertir la idea en realidad.

5. *Cumplidores-productores:* se enorgullecen de fabricar un producto o servicio a un nivel. Harán esto en forma regular y se sentirán satisfechos si pueden entregar "lo que se espera". Les gusta trabajar para fijar procedimientos y hacer cosas en una manera sistemática.

6. *Controladores-inspectores:* son personas que disfrutan de hacer el trabajo detallado y de asegurarse que los hechos y cifras sean correctos. Son meticulosos y cuidadosos y frecuentemente críticos de errores o del trabajo poco sistemático.

7. *Seguidores-mantenedores:* usualmente tienen una fuerte convicción acerca de la manera en que se deberían hacer las cosas. Con frecuencia son las personas más sustentadoras de otras en el equipo, y pueden proporcionar mucha estabilidad.

8. *Informantes-asesores:* son buenos en recolectar y suministrar información de tal manera que pueda comprenderse. Habitualmente son pacientes, y tienden a tomar decisiones una vez que disponen de toda la información pertinente.

Por último, existe la función de "integrador" que está en el centro de la Rueda y es algo que todos los administradores pueden aprender (se refiere al gerente del grupo). Un administrador tendrá preferencias por uno o más de los sectores externos de la Rueda, pero si también puede sostener el espacio del centro como un "integrador", estará en el camino hacia un equipo de alto rendimiento.

Margerison y McCann han diseñado un instrumento basado en el modelo de Myers-Briggs. La estructura del instrumento tiene mucha analogía con su antecedente: plantea cuatro dimensiones de preferencias, con una alternativa en cada dimensión, lo que da lugar a 16 estilos posibles, bastante similares a los de Myers-Briggs. Los resultados que se obtienen no sólo indican el estilo de la persona, sino que también identifican su rol preferente. Existe cierta correlación entre el estilo y el rol preferente.

M 66 - pág. 169 ◄•• La propuesta de dichos autores en cuanto a los roles preferentes está completamente en línea con lo que señalamos en el módulo TRABAJO EN EQUIPO – ESTILOS PERSONALES, en el sentido de aprovechar las respectivas fortalezas de los miembros del grupo, o sea, generar sinergia entre los diferentes.

Por otra parte, Margerison y McCann han diseñado otro instrumento que permite identificar los roles requeridos en función de la tarea del grupo. Y entonces se comparan estos roles requeridos con los roles preferentes de los miembros del grupo, evaluando así en qué medida los miembros poseen todos los atributos necesarios para la tarea.

El aporte de los citados autores reconoce como un antecedente fundamental la obra de R. Meredith Belbin, un verdadero pionero del tema. Puede consultarse su libro *Roles de equipo en el trabajo* (Belbin & Asoc., 1993). Este autor, principalmente sobre la base de su observación de múltiples grupos, exitosos y no exitosos, identificó ocho roles en términos bastante parecidos a los de Margerison y McCann.

Bibliografía

Obras anteriores de Santiago Lazzati que tratan temas de este libro

El cambio del comportamiento en el trabajo. Granica, 2008.

El aporte humano en la empresa. Ediciones Macchi, 1999.

Libros estructurados en forma de módulos

FERNÁNDEZ ROMERO, Andrés: *Creatividad e innovación en empresas y organizaciones.* Díaz de Santos, 2005.

————: *Manual del consultor de dirección.* Díaz de Santos, 2008.

LAZZATI, Santiago: *Anatomía de la organización.* Coedición Ediciones Macchi-Mercado, 1997.

TEN HAVE, Steven (y otros): *Lo más importante de la gestión empresarial.* Deusto, 2004.

WARD, Michael: *50 técnicas innovadoras en management.* De Vecchi, 1999.

Libros citados específicamente en los módulos

ARGYRIS, Chris: *Cómo vencer las barreras organizativas.* Díaz de Santos, 1993.

————: *Conocimiento para la acción.* Granica, 1999.

ARGYRIS, Chris y SCHÖN, Donald: *Theory in Practice.* Jossey-Bass, 1974.

BELBIN, Meredith: *Roles de equipo en el trabajo.* Belbin Associates, 1993.

BERNE, Eric: *Análisis transaccional en psicoterapia.* Psique, 1984.

————: *Juegos en que participamos.* Integral, 2006.

CONLEY, Chip: *Ecuaciones emocionales.* Ediciones B, 2012.

FLORES, Fernando: *Inventando la empresa del siglo XXI.* Granica, 1997.

FREDRIKSON, Barbara: *Vida positiva.* Norma, 2009.

BLAKE, Robert y MOUTON, Jane: *Cómo trabajar en equipo.* Norma, 1989.

————: *El nuevo grid gerencial.* Diana, 1980.

BLANCHARD, Kenneth; CAREW, Don y PARISI-CAREW, Eunice: *El ejecutivo al minuto – Formación de equipos de alto rendimiento*. Grijalbo, 1992.

BLANCHARD, Kenneth; ZIGARMI, Drea y ZIGARMI, Patricia: *El líder ejecutivo al minuto*. Grijalbo, 1986.

DE BONO, Edward: *Seis sombreros para pensar*. Granica, 1988.

DOYLE, Michael y STRAUSS, David: *How to Make Meetings Work*. A Jove Book, 1982.

ECHEVERRÍA, Rafael: *Ontología del lenguaje*. Granica, 1997.

GOTTMAN, John: *Las siete reglas de oro para vivir en pareja*. De Bolsillo, 2010.
HARRIS, Thomas A.: *Yo estoy bien, tú estás bien*. Grijalbo, 1973.

JAMES, Muriel y JONGEWARD, Dorothy: *Nacidos para triunfar*. Fondo Educativo Interamericano, 1975.

KOFMAN, Fredy: *Metamanagement*. Granica, 2001.

LAZZATI, Santiago: *La toma de decisiones. Principios, procesos y aplicaciones*. Colección "Management en módulos". Granica, 2013.

————: *El cambio del comportamiento en el trabajo*. Granica, 2008.

LENCIONI, Patrick: *Las cinco disfunciones de un equipo*. Empresa Activa, 2003.

MARGERISON, Charles y MCCANN, Dick: *Administración en equipo*. Ediciones Macchi, 1983.

MINTZBERG, Henry: *Diseño de las organizaciones eficientes*. El Ateneo, 1989.

QUICK, Thomas: *Successful Team Building*. Amacom, 1992.

SCHEIN, Edgard: *Consultoría de procesos – Su papel en el desarrollo organizacional* – Volumen 1. Addison-Wesley Iberoamericana, 1990.

SELIGMAN, Martin E.P.: *Aprenda optimismo*. De Bolsillo, 2004.

SENGE, Peter M.: *La quinta disciplina*. Granica, 1992.

SHAW, Malcolm E.: *El test de la gerencia*. El Cronista Comercial, 1985.

WATZLAWICK, Paul; BEAVIN, Janet y JACKSON, Don D.: *Teoría de la comunicación humana. Interacciones, patologías y paradojas*. Herder, 1967.

Artículos citados específicamente en los módulos

BATESON, G.; JACKSON, D.; HALEY, J. y WEAKLAND, J.: "Hacia una teoría de la esquizofrenia", en *Ciencia del comportamiento*, vol. 1, pp. 251-264, 1956.

ZACK, Michael H.: "Managing Organizational Ignorance", en *Knowledge Directions*, vol. 1, Summer, 1999, pp. 36-49.

Otras obras consultadas

FRENCH, Wendell L. y BELL, Cecil H.: *Desarrollo organizacional*. Prentice Hall, 1996.

GALEANO, Ernesto César: *Modelos de comunicación*. Ediciones Macchi, 1997.

GUIX, Xavier: *Ni me explico, ni me entiendes*. Norma, 2006.

HARVARD BUSINESS REVIEW: *Comunicación eficaz*. Deusto, 1999.

HAYES, Nicky: *Dirección de equipos de trabajo*. Thompson, 2002.

KIRKPATRICK, Donald L.: *Claves para una comunicación eficaz*. Gestión 2000, 2001.

KATZEMBACH, Jon y SMITH, Douglas: *Sabiduría de los equipos*. Asociación para el Progreso de la Dirección (APD), 1996.

MILLER, Robert F.: *Organice sus reuniones de manera óptima en una semana*. Gestión 2000, 2000.

PALOMO VADILLO, María Teresa: *Liderazgo y motivación de equipos de trabajo*. ESIC, 2008.

REES, Fran: *Equipos de trabajo*. Prentice Hall, 1998.

ROBBINS, Harvey y FINLEY, Michael: *Por qué fallan los equipos*. Granica, 1999.

RYAN, Kathleen D.: *Mensajeros valientes*. Granica, 1999.

SURDO, Eduardo: *La magia de trabajar en equipo*. Granica, 1998.

SUSSKIND, Lawrence e INGOUVILLE, Francisco: *Mejor que la mayoría*. Granica, 2011.

THOMSON, Peter: *Los secretos de la comunicación*. Granica, 1999.

Apéndice

Sistema de módulos del conocimiento®

El *Sistema de Módulos del Conocimiento* (SMC) que presentamos en este texto responde al enfoque de integración entre trabajo y actividad educativa. El esquema básico del SMC representa un procedimiento específico para contribuir a la transferencia de la capacitación al trabajo, y forma parte de dicha integración. Pero la idea de desarrollar módulos de conocimiento puede expandirse mucho más allá del esquema básico. Por ejemplo, si la empresa emplea o va a emplear la llamada gestión por competencias, ésta puede integrarse con el SMC. En última instancia, el SMC es una forma de *knowledge management* o gerencia del conocimiento.

El SMC es especialmente adecuado para abordar temas conductuales. Sin embargo, cabe utilizarlo para otros contenidos temáticos.

A continuación, plantearemos el esquema básico del SMC. Suponemos que la empresa diseña adecuadamente sus actividades educativas, mediante lo cual produce contenidos temáticos que habrán de incluir elementos valiosos para aplicar posteriormente en el trabajo. Sin embargo, cuando los participantes de dichas actividades retornan a sus tareas habituales, suelen recurrir poco o nada a tales elementos. Estos quedan como "perdidos" dentro del material de capacitación. Una razón de ello puede ser que el ordenamiento didáctico de los materiales de capacitación no necesariamente brinda el acceso más favorable al momento de su aplicación en el trabajo.

Una alternativa para superar el problema indicado es seleccionar y revisar los elementos más valiosos de los contenidos temáticos de la actividad educativa; en principio, aquellos que reúnan las condiciones siguientes:

- Los de aplicación más generalizada.

- Los que signifiquen una clarificación conceptual importante.

- Los de mayor utilidad práctica.

Denominamos *módulos* a los elementos así seleccionados y revisados con este criterio. Un módulo puede ser, por ejemplo:

- Un concepto clave (ejemplo: el de tablero de comando equilibrado).

- Un modelo fundamental (ejemplo: el de liderazgo situacional).

- La metodología de un proceso típico (ejemplo: el de resolución de problemas).

- Una *check list* a utilizar en una situación determinada (ejemplo: una lista de puntos a tomar en cuenta en una negociación).

- Un cuestionario de evaluación (ejemplo: el que pregunta sobre los atributos de un grupo para diagnosticar su grado de trabajo en equipo).

Los módulos se incorporan a un "repositorio", de acceso fluido durante el trabajo cotidiano. De esta manera, los contenidos temáticos, que tienden a constituirse en un archivo pasivo con respecto al trabajo, se convierten en un archivo activo de elementos valiosos, de aplicación efectiva.

El Gráfico 1 ilustra dicho esquema básico.

Gráfico 1

ESQUEMA BÁSICO

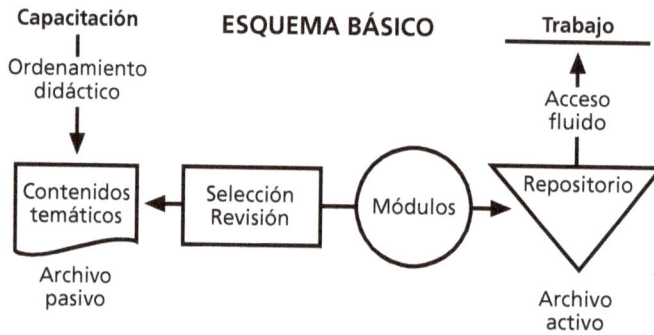

El esquema básico indicado es fácil de expandir. La fuente de los módulos puede estar constituida no sólo por los contenidos temáticos de capacitación, sino también por procesos de cambio organizacional o mejora de la calidad, información externa sobre mejores prácticas, etcétera. Incluso la experiencia del propio trabajo puede generar módulos. Se trata de un archivo abierto que se va enriqueciendo continuamente. Por otra parte, el repositorio a su vez realimenta los sucesivos diseños educativos. Esto puede incluir no sólo actividades de enseñanza presencial, sino también programas de autoestudio, material de apoyo al *coaching*, etcétera.

El Gráfico 2 resume lo antedicho.

Gráfico 2

SISTEMAS DE MÓDULOS DEL CONOCIMIENTO

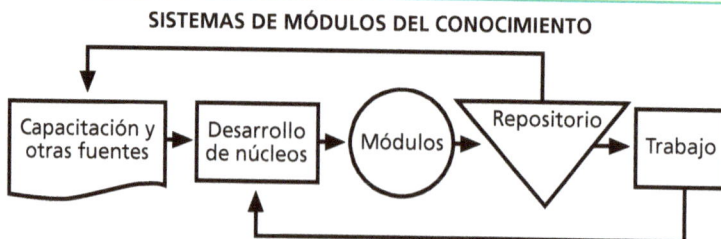

El SMC dispone de una metodología del proceso de desarrollo de los módulos, que abarca el análisis de las fuentes, los criterios de selección, los procedimientos de revisión, un formato estándar, la indicación de los protagonistas del proceso, etcétera.

El repositorio requiere cierta estructura lógica, que facilite el *input*, el archivo y la utilización de los módulos. Además es provechoso agregarle un glosario y mapas alternativos de navegación.

El SMC ofrece los siguientes beneficios:

- Ayuda en el trabajo, en tiempo real.
- Lenguaje común.
- Puente con otra información.
- Refuerzo de la capacitación.
- Calidad de los contenidos temáticos de la capacitación.
- Ordenamiento sistémico del conocimiento.

www.ingramcontent.com/pod-product-compliance
Lightning Source LLC
Chambersburg PA
CBHW050037220326
41599CB00040B/7193